JN123670

世界一隅々まで書いた

認知行動療法・問題解決法の本

伊藤絵美 著

遠見書房

■ はじめに

　みなさん，こんにちは。本書を手に取ってくださりありがとうございます。本書は，認知行動療法という心理療法のアプローチにおける，主に行動に焦点を当てた，汎用性の高い技法である「問題解決法」をテーマとしたものです。問題解決は，私が大学院修士課程に在籍中から研究のテーマとしており，修士論文も博士論文も，問題解決について書きました。つまり私にとってはとても馴染みのある，そして大切なテーマです。認知行動療法でも問題解決は重要なテーマであり，それについては本書の前半でたっぷりと書きましたが，技法としての問題解決法以前に，問題解決法は認知行動療法の哲学のようなものです。ですから認知行動療法を身に付けようという臨床家であれば，問題解決についてしっかりと理解しておく必要があると私は考えます。

　ところで私は 2004 年より毎年，認知行動療法に関するさまざまなワークショップを開催し続けています。認知行動療法を提供できる実践家を増やしたいからです。というのも，認知行動療法がエビデンスのあるセラピーとして世界的に知られるようになっている反面，それをきちんと提供できる実践家が少ない，という問題が日本にはありました。その問題に対するささやかな解決策として，ワークショップを開催し，認知行動療法の基本的な考え方や主要な技法を，実践的に習得してもらおうと考えたのです。

　さらに私は，それらのワークショップの書籍化を試みました。最初に出版したのは，2005 年の『認知療法・認知行動療法カウンセリング初級ワークショップ―CBT カウンセリング』（星和書店）でした。これは文字通り「初級ワークショップ」を書籍化したもので，初級だから簡単ということではなく，ここに認知行動療法を実践するうえで基本となる重要な考え方やスキルが詰まっています。次に出版したのが，2010 年の『認知行動療法実践ワークショップ I ―ケースフォーミュレーション編（1）』（星和書店）です。これは認知行動療法で最も重要なケースフォーミュレーションの一端をご紹介した本です。この本を企画するにあ

たって，私は大きな野望を打ち立てました。トータルで何冊になるかわかりませんが，認知行動療法の実践において必要な考え方や技法を全て，このシリーズで書籍化してしまおう，というものです。それがこの本のタイトルにある「Ⅰ」とか「（1）」といった数字に表れています。「Ⅰ」の次に「Ⅱ」「Ⅲ」「Ⅳ」……，「（1）」の次に「（2）」「（3）」「（4）」……を想定していたのです。何年かかるかわからない壮大な計画でした。これをシリーズで書き上げるのを，ライフワークにしようと，当時の私は考えました。

　しかしながら，この壮大な計画は頓挫しました。『認知行動療法実践ワークショップⅠ―ケースフォーミュレーション編（1）』を書いた時点で力尽きてしまったのです。これはケースフォーミュレーションの始め方について述べた本ですが，めちゃめちゃ詳細かつ具体的に書いたら，496ページにもなる分厚い本になってしまい，私は書き上げると同時に，燃え尽きてしまいました。そういうわけで，今でも「Ⅱ」や「（2）」がいつ出るのか？　もう出ないのか？と問われるときがありますが，もう出ません！　というか出せません！という事態になってしまいました。

　とはいえ，その続きに該当するような本を出したい，という思いは尽きず，ケースフォーミュレーションについて，その始め方だけでなく，プロセス全体をカバーした本を，その後出すことができました。それが2015年に出した『認知行動療法カウンセリング実践ワークショップ―CBTの効果的な始め方とケースフォーミュレーションの実際』（星和書店）という本です。本書でも繰り返し述べられますが，認知行動療法においてはしっかりとしたケースフォーミュレーションが不可欠です。ケースフォーミュレーションがきちんとなされてこそ，認知再構成法や問題解決法，エクスポージャーや行動活性化といった各技法の効果が発揮されるというものです。ケースフォーミュレーションが全ての土台になるのです。

　そのケースフォーミュレーションについて，実践的な本を出すことができて，私はちょっと肩の荷が下りました。そして私が長年ワークショップを開催していながら，書籍化していないものが，認知行動療法の二大技法である，「認知再構成法」と「問題解決法」の2つとなりました。それについてはずっと引っ掛かりを感じてはいたのですが，日々の忙しさにまぎれて，あまり深く考えないようにし

ていました（回避！）。しかし，ようやくこの度，これらの技法について，それぞれ本を出すことが叶いました。その1冊が本書です。ちなみにもう1冊は2022年3月に出た『世界一隅々まで書いた認知行動療法・認知再構成法の本』（遠見書房）という本です。

　本書の成り立ちについて簡単に説明します。認知再構成法についても，問題解決法についても，2004年から長年にわたって，会場を借りてのワークショップを開催しておりました。毎回60名ほどの方々が参加してくれており，ワークショップですから，座学だけでなく，私が皆さんの前でデモンストレーションをしたり，グループワークで皆さんにロールプレイをしてもらったりしていました。アンケートを取ると，なかなか好評で，今後も毎年，このような形式でワークショップを開催し続けようと考えておりました。

　その計画を頓挫させたのが2020年に世界を襲ったコロナ禍です。コロナ禍によって，集合型のワークショップが開催不可能になってしまいました。飛沫を飛ばしながらデモンストレーションをしたり，ロールプレイをしたりすることはもってのほか，という世界になってしまったのです。私は困ってしまいました。というのも，ワークショップは私が運営するカウンセリングルームにとって重要な収入源でもあったからです。しかし，こういうときこそ「問題解決」です。私は解決策としてオンラインでワークショップを行うことを決意しました。そして自粛生活を送っていた2020年5月頃，たっぷりあった時間を活かして，認知再構成法と問題解決法のワークショップを全面的にリニューアルしました。オンラインなので，デモンストレーションやロールプレイを実践するのは難しく，そういう実践を交えずに，でもこれらの技法を実践的に伝える工夫をこらしました。そして2020年12月6日に認知再構成法のオンラインワークショップを，2021年1月17日に問題解決法のオンラインワークショップを開催するところまでこぎつけました。幸い，どちらのワークショップもともに定員の100名に達し，アンケートは好評でした。それらを動画に撮ったものを遠見書房の山内俊介さんに見ていただき，「書籍化しましょう」と言っていただきました。そこでそれぞれのワークショップをベースに全面的に書き下ろしたのが，『世界一隅々まで書いた認知行動療法・認知再構成法の本』と，本書です。これでようやく私自身が開催しているワークショップの書籍化が全て終わったことになります。「Ⅱ」や「（2）」の本は出せませんでしたが，結果的には当初の野望が叶ったことになります。自

はじめに

分が世に出したいと願った本を全て出版できるとは，なんと幸せなことでしょうか。もう思い残すことはありません！　これらの2冊の出版を引き受けてくださった山内さんには，感謝の念しかありません。ありがとうございました。

　問題解決法は行動変容をもたらすとってもパワフルな技法です。読者の皆様にはぜひ，本書を通じて，この技法の魅力とパワーを感じ取っていただき，皆様の生活や臨床実践に活かしていただければと思います。

　　2022年3月12日

自宅にて　伊藤絵美

■ もくじ

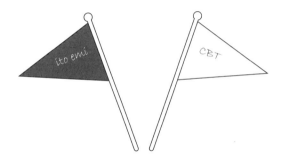

§1

問題解決法とはどういう技法か

■イントロダクション

　皆様，おはようございます。今日は認知行動療法における「問題解決法」という技法について一日，オンラインでワークショップを開催します。私は洗足ストレスコーピング・サポートオフィスの伊藤と申します。どうぞよろしくお願いいたします。

　問題解決法のワークショップは，もうかれこれ10数年，会場を借りての集合研修の形で，ずいぶん前から継続的に同様のコンテンツで開催してきたのですが，今回のコロナ禍で，会場を借りてのワークショップができなくなってしまいました。今年（2020年）の春に緊急事態宣言が発出されて，ステイホームの期間が続いたときに，「ああ，もう今年は会場を借りてのワークショップはできそうもないなあ」となったときに，「さて，では，どうしたもんかな」と考え始めて，これがまさに問題解決なんですが，「だったらオンラインでやってみよう」と決心したんです。そして会場を借りてのワークショップの場合，デモンストレーションとロールプレイといった体験的実習がメインだったのですが，オンラインですとそういった実習がやりづらいので，こうなったらコンテンツを一気にリニューアルしてしまおうと考え，ステイホームでたっぷり時間があるときに，コツコツと作業をして，内容を一新しました。それを今回，初公開します。自分で言うのもなんですが，結構な自信作というか，とてもわかりやすく盛りだくさんの内容に仕上げられたかな，と思います。皆さんにも楽しんでいただけると嬉しいです。

　次のような流れで，このワークショップを進めていきます。

本ワークショップの構成

　本当に盛りだくさんですね（笑）。最初に，「認知行動療法とは？」というお話をいたします。今回は問題解決法という技法についてのワークショップですが，そもそも認知行動療法自体が問題解決という理念や概念や方法と非常に親和性が高く，認知行動療法自体を問題解決という視点でとらえていただきたい，ということを熱く語らせてもらいます。

■ 認知行動療法における「問題解決」の重要性

　原点に戻って，「認知行動療法とは」という話から始めましょう。認知行動療法（Cognitive Behavioral Therapy：CBT）は，「ストレスの問題を認知と行動の工夫を通じて自己改善するための考え方と方法の総称」のことです。ここでいう「認知」とは思考やイメージや記憶など，「頭のなかの現象として体験されるもの」を指します。行動とは実際の動きやふるまいのことですね。また「工夫」とは，心理学的には「コーピング（意図的な対処）」ということになります。つまり認知行動療法とは，ストレスの問題を，頭のなかの思考やイメージなどといった認知や，実際の動きやふるまいといった行動を，意図的に対処，すなわちコーピングをすることによって，自分のために何とかするためのアプローチである，ということになります。

　ここでのキーワードは「セルフヘルプ（自助）」です。自分をより上手に助けられるようにしましょう，セルフヘルプのための力を回復したり育んだりしましょう，というのが認知行動療法の目的です。ただしここで注意しておきたいのは，こ

の「セルフヘルプ」というのは，「他人に頼らず，自分ひとりで何とかしなさい」という意味ではなく，たとえば「誰かに頼る」とか「他者の助けを借りる」とか「信頼できる人に相談する」とか，そういったことも含めたセルフヘルプだ，ということです。クライアントとして現れる人は，むしろ人に頼ったりサポートを受けたりすることが苦手な方が少なくないので，認知行動療法でセルフヘルプを目指しましょう，という話をする際，このことも併せて強調しておく必要があるでしょう。

　もうひとつ，認知行動療法の特徴としては，「CBT」の「T」は，先に「セラピー（Therapy）」であると申しましたが，実はこの「T」は「トレーニング（Training）」の「T」でもある，ということです。つまり「セラピー（治療）」としての側面だけでなく，セルフヘルプのための考え方ややり方を学んでもらいましょう，という「トレーニング」「習い事」という側面がある，ということです。そのためのさまざまなスキルを練習して習得する，という側面が，認知行動療法では非常に重要なんです。なので，習い事とかお稽古事とかトレーニングとか訓練といった視点から，認知行動療法を捉えてもらうといいと思います。習い事として，クライアントにも取り組んでもらって，徐々に認知行動療法の考え方やスキルを身につけてもらうわけです。

　ここで重要になってくるのが，セラピストの役割です。認知行動療法において，セラピストはセラピスト，すなわち治療者として機能する必要があるのはもちろんのことですが，一方でトレーニングにおけるトレーナーとして同時に機能する必要があります。あるいはお稽古事や習い事の先生として。トレーナーやお稽古事の先生の使命は，学ぶ側の人にそこそこの高い動機づけでもって楽しく日々実践してもらえるよう後押しをすることです。せっかくトレーニングを積んだり，お稽古事に励んだりするのであれば，それに取り組んで「これを学ぶといいことがあるかも」「取り組むこと自体が結構楽しいなあ」と思って取り組んでもらいたいものですよね。

　もう一つ重要なのは，トレーナーは，自分が教える技能をきちんと身につけて，トレーナー自身がそれを自分のために上手に使いこなせるようになっておかなければならない，ということです。たとえば自動車教習所の教官は，車の運転を教習生に教えるのですが，そのためには，教官自身が車の運転を上手にできないと

お話になりません。そうじゃないと「先生」としての説得力を失います。ヨガを習いに行ったら，ヨガの先生がいろいろなポーズをやって見せて教えてくれますよね。ヨガの先生が上手にきれいにそのポーズができることを見せてくれるから，生徒たちは「おー！」「すごいな！」「きれいだな」「身体が柔らかいな」と感心して，自分も頑張って練習してみようと思うわけです。ヨガの先生が，口先だけで「ああやって」「こうやって」とポーズを指示して，一方で「私は身体が硬いから，できないんだけどね」と言ったら，生徒の方では「え!?」と思いますでしょ？「できないくせに，自分たちにやらせようとするのか？」と疑念を抱きますよね。お料理教室の先生が，「私，包丁，うまく使えないのよ」と言われたら，驚きますよね。

　認知行動療法も全く同じです。認知行動療法が，セルフヘルプとか，ストレスマネジメントのためにあるとしたら，それを教えるセラピスト側は，認知行動療法の知識やスキルを使いこなし，それ（セルフヘルプ，ストレスマネジメント）を上手に実践し，クライアントに説明できるようになっておく必要があります。ストレスなんていうのは，生きていれば誰にでもふりかかってくるものですから，もちろんセラピストだって毎日ストレスにまみれて生きているわけです。セラピスト自身が，その日々のストレスと，認知行動療法を駆使して上手につきあえるようになっておかなければなりません。そしてクライアントに対し，「私はこんなふうに認知行動療法を普段使いして，役立てています」と具体的に示せるようになっておく必要があるのです。それは今日お伝えする問題解決法についても全く同じことです。ですから問題解決法を皆さんの臨床でクライアントに提供する前に，まずは皆さんがご自身のために使いこなせるようになってください。そのこと自体が，クライアントのモチベーションに直結します。

　認知行動療法は，どんな技法でも即効性がないし，日々の練習が必要だし，効果の出方はじんわりとした地味なものだし，効果が実感できるまでに結構時間がかかるしで，要はそんなに華々しいものではないんですよね。まあ，はっきり言って，効果はあるけど，結構面倒くさいんです。その面倒くささとか地味さ加減を，セラピストが自分の体験として知っていること，そして知っているということをクライアントに伝えることが大切です。そういうことがクライアントの，セラピストや認知行動療法への信頼や動機づけにつながると思うのです。今日ご紹介する問題解決法についても，全く同じです。本書をお読みいただいている読者

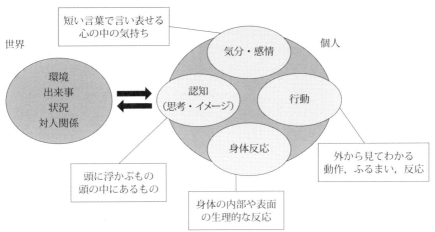

図 1-1　認知行動療法の基本モデル

　の皆さんは，セラピスト，治療者，援助者，支援者の立場の方が多いと思うのですが，ぜひこれらの皆さんには，ご自身の生活のなかで遭遇する具体的な問題に対して，問題解決法を適用し，しっかりと使えるようになってから，ご自身の臨床で実践する，という流れで活用してください。

　では，話を戻して，そもそも認知行動療法それ自体が問題解決である，ということについて解説していきましょう。図 1-1 に挙げる図は，おなじみの，認知行動療法の基本モデルです。認知行動療法では，クライアントが持ち込むさまざまな主訴や問題を，まずはこのモデルを使って循環的に理解します。それをアセスメントと呼びますが，このアセスメントが重要なわけです。

　この基本モデルについてざっとおさらいしておきましょう。これはストレスモデルでもあり，左側が私たちに降りかかってくるストレッサー，右側がストレッサーに対して私たちが示すストレス反応です。

　ストレッサーには，さまざまな環境要因，何らかの出来事，対人関係のありようなどが含まれます。一方，認知行動療法ではストレス反応を便宜的に「認知」「気分・感情」「身体反応」「行動」の４つにわけてとらえようとします。

　「認知」とは，頭の中の現象として体験されるあれやこれやでしたね。思考やイ

メージや記憶や知識などを，ひっくるめて認知と言います。認知が頭の中の現象だとすると，「気分・感情」は，お腹から胸のあたりに感じるいろいろな気持ちのことです。英語だと emotion とか feeling とか mood と呼びますが，日本語でも英語でも短い言葉で言い切れるのがその特徴で，たとえば，「さびしい」「楽しい」「嬉しい」「悔しい」「緊張」「イライラ」「わくわく」「興奮」「落ち込み」といったものです。「行動」とは，外から見て描写できるその人のふるまいで，たとえば「手を挙げる」「頭をかく」「しゃべる」「立つ」「座る」といったものです。一方，「身体反応」とは，身体の内側や表面に生じる生理的な反応です。たとえば「胸がドキドキする」「脇の下に汗をかく」「お腹が痛い」「背中がかゆい」といったものです。認知行動療法では，人の体験を便宜上これらの4つに分けてとらえ，相互作用を見ていきます。

　初級ワークショップやケースフォーミュレーションのワークショップでも申し上げましたが，認知行動療法で大事なのは，まずは「何が起きているのか」ということを，この基本モデルを使ってモニターし，理解していくことです。先ほども申し上げたとおり，このようなプロセスを「アセスメント」と呼ぶのですが，アセスメントにおいて，特に重要なのは，「リアルタイムでモニターし，反応をキャッチする」ということと，「生々しい自動思考やそれに関連する気分・感情および身体反応をとらえていく」ということです。認知のなかでも，「その場その場で頭をよぎる思考やイメージ」のことを「自動思考（automatic thought）」と呼びますが，アセスメントでは，その場で出てきた自分の反応を，特に自動思考を中心にリアルタイムでとらえることが大切で，それをすることで，自分の体験が手に取るように具体的に理解できるようになっていきます。

　そして，そのようにモニターし理解した情報を，アセスメントシート（図 1-2）に外在化します。

　認知行動療法において外在化（紙などの媒体に書き出すこと）はとても重視されており，単にモニターして気づきを向けるだけでなく，モニターした内容を外在化して，眺められる形にすることがすごく大事です。私たちは外在化によって，自分の体験をさらに客観的にとらえられるようになります。このアセスメントシートは，上の部分に基本モデルが記載されており，私たちがドツボにはまっている体験をアセスメントする場合，ここに悪循環が外在化されます。そして私たち

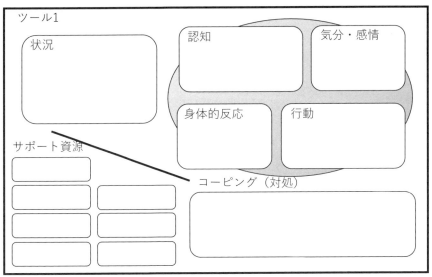

図1-2 アセスメントシート

はその悪循環にやられっぱなしになっているわけではなく，どうにかしようと何らかの対処（コーピング）を試みているはずです。それをツールの右下に外在化します。さらに，私たちはさまざまな支えを持っています。リソースだったり，ストレングスだったり，レジリエンスだったり，さまざまなサポートだったり，そういったポジティブなものです。自分を支えるそのようなポジティブな側面を，ツールの左下に外在化します。このようにネガティブな悪循環だけでなく，ポジティブな側面も含めて総合的にとらえていきましょう，というのがこのアセスメントシートの特徴であり構造でもあります（図1-3）。

　認知行動療法の全体の流れももちろん構造化されています（表1-1）。つまり成り行き任せでフリーに進めていくのではなく，構造化された全体の流れに沿って，段階的にセラピーを進めていきます。この流れの前半で非常に重要なのが，さきほどから申し上げているアセスメントです。持ち込まれたのがどんな主訴であれ，認知行動療法の基本モデルに沿ってモニターし，整理し，理解します。たいていは悪循環が同定され，外在化されます。その悪循環において何を問題とみなすか，そして同定された問題について何を目標とするか，というのが「問題の同定と目標の設定」で，ここまでがいわゆるケースフォーミュレーションです。

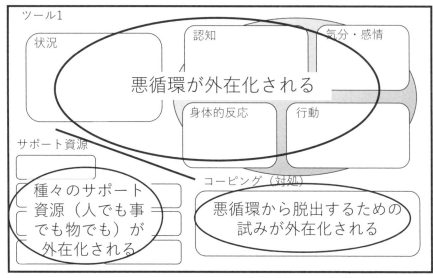

図 1-3　アセスメントシートの構造

表 1-1　認知行動療法の全体の流れ

1．インテーク面接と契約
2．（必要があれば）これまでの経緯のヒアリング
3．アセスメント
4．問題の同定と目標の設定
5．技法の導入と実践 *
6．効果の検証
7．効果の維持と般化
8．再発予防計画
9．終結とフォローアップ

＊ モニタリングやアセスメント以外の特定の技法は，いわゆる「ケースフォーミュレーション」を通じて，個々のケースに合わせて選択される。決して「技法ありき」ではない！

　認知行動療法を開始し，アセスメントをして，問題を同定し目標を設定するまでのケースフォーミュレーションにおいて，クライアントが身につけるのは，まさに「アセスメント」や「セルフモニタリング」という技法です。つまり認知行動療法に取り組む全てのクライアントは，前半の過程において，まずこの２つの技法を習得するわけです。そしてそれ以外の技法は，設定された目標を達成するために選択されます。つまりケースによって選択される技法が異なるということになります。

表 1-2　認知行動療法で用いられる技法の例

・認知再構成法
・問題解決法
・ソーシャルスキル訓練（SST）
・アサーション訓練
・エクスポージャー（曝露療法）
・曝露反応妨害法
・リラクセーション法
・注意分散法
・マインドフルネス
・コーピングシート／コーピングカード
・行動活性化（活動モニタリングと活動スケジュール）
・種々のイメージ技法
　※セラピストがその技法を使う理論的根拠を説明でき，かつ安全に適用できるのであれば，
　　CBT 以外の技法を使っても OK！
　例：壺イメージ療法，臨床動作法，エンプティ・チェア，コラージュ療法，ストレッチなど

　それらの技法を表 1-2 に示します。さまざまな技法がありますが，このなかで特に汎用性が高いのが，上の 2 つ，すなわち認知再構成法と問題解決法です。なのでこの 2 つについては，私もそれぞれ一日かけてこのようにワークショップを行っているわけです。不安症（不安障害）に対してはエクスポージャー（曝露療法）も多く使われますが，問題解決法の延長線上にエクスポージャーを位置づけると，やりやすくなると思います。いずれにせよ，これらの技法は，上の表 1-1（認知行動療法の全体の流れ）の「5．技法の導入と実践」のところで，それまでのケースフォーミュレーションに基づいて選択されるものです。ケースフォーミュレーションの結果として，あるケースでは認知再構成法が選択され，別のあるケースでは問題解決法が選択され，さらに別のケースではその両方が選択されたりします。

■ 本ワークショップのテーマ

　そういうわけで，本書では「認知行動療法の流れのなかで，ケースフォーミュレーションに基づいて選択される問題解決法という技法」についてお伝えしていくわけですが，その前に，あらためて「そもそも」の話をさせてください。それは，そもそも認知行動療法自体が「協同的問題解決の過程」であるということです。認知行動療法では，セラピストとクライアントがチームを組んで（これが「協

認知行動療法＝協同的問題解決過程

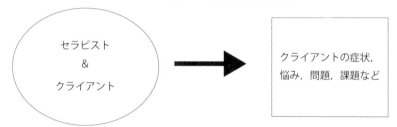

Th. と Cl. はチームを組み，協同して問題の解決を図る

図 1-4　協同的問題解決としての認知行動療法

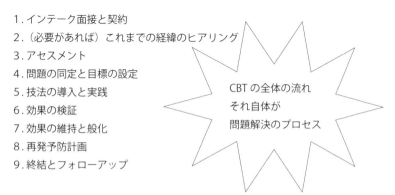

1. インテーク面接と契約
2. （必要があれば）これまでの経緯のヒアリング
3. アセスメント
4. 問題の同定と目標の設定
5. 技法の導入と実践
6. 効果の検証
7. 効果の維持と般化
8. 再発予防計画
9. 終結とフォローアップ

CBT の全体の流れ
それ自体が
問題解決のプロセス

図 1-5　認知行動療法自体が問題解決のプロセス

同」ということです。いわゆる「コラボレーション」です），クライアントの抱える症状や課題を「問題」として定式化し，問題解決の過程を一緒に進んでいきます（図 1-4）。つまり，認知行動療法の全体の流れ自体が「問題解決」であり，問題解決的に進められる必要があるのです（図 1-5）。これが認知行動療法における「広義の問題解決」です。一方で，今日紹介するのは，「認知行動療法の流れのなかで，ケースフォーミュレーションに基づいて選択される問題解決法という技法」です。これが「狭義の問題解決」です。このように，認知行動療法では広義と狭義の，2 通りの問題解決があるわけです。

　ここで，問題解決を貫く基本原理を紹介します。これは私が大好きな原理で，このスライドをお見せするだけで私自身がうっとりしてしまうのですが，ニューウェル Newell, A. とサイモン Simon, H. という認知科学者が提示した人間の問

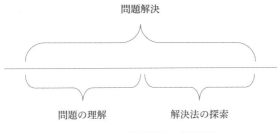

図 1-6　問題解決の基本原理

題解決の基本原理です（図 1-6）。2 人は認知科学のパイオニアで，それこそ今注目されている AI，すなわち人工知能の研究の創始者のような存在です。人工知能の研究は，1960 年代から 70 年代までそのルーツを遡ることができます。認知科学では，人間の知性や行動をコンピュータで再現するために，人間の問題解決の仕組みを調べてモデル化しました。すなわち，人間をある種の「問題解決システム」とみなし，その問題解決のあり様をコンピュータで再現させるのです。ということは，人間の問題解決のあり様を解明しなければ，モデル化もコンピュータでの再現もできない，ということになります。そこで認知科学ではまず，人間の問題解決がどのような仕組みになっているのか，それを徹底的に調べたわけです。その基本原則や基本モデルを定式化したのが，このニューウェルとサイモンになります。1972 年に出版された “Human Problem Solving” は，初期の問題解決研究における金字塔のような書籍だと言われています。

　そこで力強く提示された，人間の問題解決の基本原理とは「**問題解決とは，【問題の理解】，【解決法の探索】，の 2 つの過程から成る。【問題の理解】は【解決法の探索】に先行する**」というものになります。とてもシンプルですが，人間の問題解決を理解するにあたって，そしてそれを認知行動療法に適用するにあたって，非常に重要な原理です。まず重要なのは，問題解決は，「問題の理解」と「解決法の探索」という 2 つのプロセスに分解できるということです。そしてこの 2 つには順番があって，必ず「問題の理解」が先で，次に「解決法の探索」が来る，ということも非常に重要です。つまり問題解決とは，解決ありき，ソリューションありきではなく，まずは問題に目を向けて，問題そのものを理解することが最初のステップなんです。それがあってこそのソリューションなんです。そのことをこの基本原理は言っています。そして問題解決では，最初から解決を目指すので

はなく，問題を理解するのだ，という考え方は，そのまま，認知行動療法において まずアセスメントやケースフォーミュレーションが重要であるということの理論的根拠になります。

　認知科学や認知心理学における問題解決に関する研究って，実はけっこう面白いです。私自身，大学の学部時代は基礎的な認知心理学のゼミにいましたし，臨床に移った大学院以降は，修士論文も博士論文も，問題解決をテーマに書きましたので，問題解決についてつい熱く語ってしまいがちで，ちょっと気をつけようと思いますが，もうちょっと語らせてください。問題解決研究の領域では，「エキスパート研究」という具体的な研究テーマがあります。エキスパートとは熟達者のことですね。どの領域でも，その領域について全く知らない素人がいて，その領域に触れ始めた初心者がいます。初心者が経験を積んでいけば，熟達の度合いが進み，人によってはその領域の熟達者，すなわちエキスパートに成長します。たとえば将棋を例に取れば，将棋なんてやったことはないという素人もいれば，最近将棋のお稽古を始めましたという初心者もいるし，その先にはアマチュアでもかなり強い人たちがいて，そのもっと先には羽生善治さんとか藤井聡太さんといったプロのトップ棋士がおられるわけです。エキスパート研究では，その領域における問題解決のあり様が，素人，初心者，エキスパートではどのように異なるのか，素人が初心者になってエキスパートに成長していく過程でどのような変化があるのか，ということを実証的に調べます。それがとても興味深く，面白いのです。

　その一例に，「素人や初心者は，いきなりソリューションを目指す」というのがあります。問題を目の前にしたとき，素人や初心者は，その問題を理解したり分析したりしようとするのではなく，「どうやって解決しようか」と最初からソリューションや解決に目が向き，問題をどうにかしようとしていきなり自分が動きます。一方，エキスパートはいきなりソリューションに走りません。まずは目の前の問題をじっくりと見つめ，眺め，「この問題はどういう問題なんだろうか？」「この問題はどういう構造をしているのか？」「この問題が意味することは何か？」など，問題それ自体を理解しようとします。そして問題の全体像を理解できてから，「じゃあ，どうやって解決しようか？」とソリューションの方に視点を移します。まさにさきほどご紹介したニューウェルとサイモンの問題解決の基本原理そのものですね。そしてこれは認知行動療法においても同じことだと思うんです。

認知行動療法でも，まず重要なのは，ソリューションを求めて動くことではなく，問題を理解することです。つまりやはり重要なのはアセスメント，ということになります。そして今回ご紹介する問題解決法においても，やはり「解決」の前に「問題」に目を向け，それを理解しようとするというのが，エキスパートのあるべきふるまいであり，私たちはそれにならえばいいのです。クライアントにも，アセスメントやケースフォーミュレーションの重要性について心理教育するときに，このエキスパート研究をそのまま紹介することがありますが，皆さん，結構興味を持ってくださいます。

　クライアントはつらくて苦しいから，どうしてもソリューションをすぐに求めたくなってしまうんですよね。それは当然の気持ちです。ですが，セラピストはそれに引きずられちゃいけない。エキスパートであろうとすれば，なおさらです。苦しいから「どうしたらいいの？」という問いが出てくるのは当然だけど，その前に「この問題はどういう問題なのか？」「この問題はどういう仕組みなのか？」という，つまり「どうしたらいいのか？」の前に「どうなっちゃっているのか？」という問いを立てる必要があります。ですからセラピストは，「解決を目指してすぐに何かをするのではなく，まずはあなたの抱えている問題に目を向け，その仕組みについて一緒に理解しませんか」とクライアントをお誘いします。その際，エキスパート研究を紹介するのです。

　少し前ですが，たまたまテレビで見て，なるほど〜と思ったエピソードがあるのでご紹介します。東京のどこかの街にパズルの専門店があるんですって。そのお店に行くと，店の中にあるさまざまなパズルを体験して楽しめる，そういうお店で，「面白そうだな〜」と思って観ていたら，そこの店主の方がおっしゃっていたことがとても心に残ったんです。そのお店には「知恵の輪コーナー」があって，そこにはさまざまな難度の知恵の輪がいくつも置いてあって，お客さんがそれらの知恵の輪を解こうとチャレンジします。店主いわく，そのお客さんが知恵の輪を解けるかどうかは，見ていればわかるんですって。どういうことかというと，解けない人は，最初からガチャガチャやって，「ああかな」「こうかな」と試行錯誤する。最初から知恵の輪を動かしちゃって，ああだこうだ，ガチャガチャ動かし続けるんです。そしてそのうちに「もう，わかんない！」ってなるんだそうです。一方，解ける人は，最初からガチャガチャ動かすようなことはせず，まずは知恵の輪を手に取って眺めるんですって。「どういう知恵の輪なのかな」「この知

恵の輪はどういう仕組みになっているのかな」と，じっくりと眺めて，その知恵の輪の構造や特徴を把握した後で，外しにかかるんですって。そうするとスムースに解けるんです。これ，さきほどのエキスパート研究と全く同じですよね。素人は最初から問題を動かそうとする。ソリューションに飛びつく。一方でエキスパートは，まずは問題を理解しようとする。あるいはニューウェルとサイモンの基本原理にもぴったりと一致します。問題解決とは「問題の理解」と「解決法の探索」の２つのステップに分かれ，必ず前者が後者に先行する，という原理と全く一致しますね。とっても面白いです。そしてやっぱり認知行動療法でも，アセスメントやケースフォーミュレーションが重要だという話に落ち着くわけです。

　では，ここでさっきから言っている「アセスメント」の具体例を一つ示しておきます。これはその後の経過も今回紹介するネタなのですが，私自身の体験です。昔，私がしょっちゅう陥っていた「締め切りまでに原稿を提出できない」という困りごとについてのアセスメントです（図1-7，1-8）。１枚目のアセスメントシートは，まだ締め切りまで余裕がある段階での私の体験です。頑張れば２，３日で書ける原稿仕事があります。たとえば書評を書くとか，ちょっとした依頼論文とか，そういう原稿です。それに対して締め切りまでまだ１カ月あるわけですから，冷静に考えればまだ余裕があるはずなのですが，私はもともと原稿を書く仕事が苦手で，さらに締め切りがある状況というのが得意ではなく，そういう仕事を目の前にすると，「どうしよう，書けないんじゃないか，間に合わないんじゃないか」とか「めんどくさいなあ，やりたくないなあ」といったネガティブな自動思考が勝手に出てきてしまいます。そうすると，あせりや憂うつといった気分・感情が生じ，身体的には，これは私の体質もあるのですが，頭と胃が痛くなります。そして行動としては，「やりたくない」という自動思考に見事に巻き込まれて，書類の整理などの逃避行動に走ります。

　日々ずっとそんなことを続けていると，もちろん締め切りがどんどん近づいてきて，そして近づいてくるとますます「嫌だ」「やりたくない」という自動思考が強まり，一方で「やばい，締め切りに間に合わない」という自動思考も強まり，ますますあせりや憂うつが強まり，頭痛や胃痛が悪化し，そうなると行動もますますまとまりを欠き，逃避行動でごまかす，ということになってしまいます。そして締め切り前日の夜を迎えるのです。２枚目の図はその「締め切り前日の夜」の状況をアセスメントしたものです。

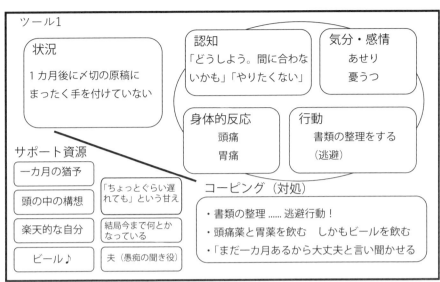

図 1-7　アセスメントの例（原稿問題その 1）

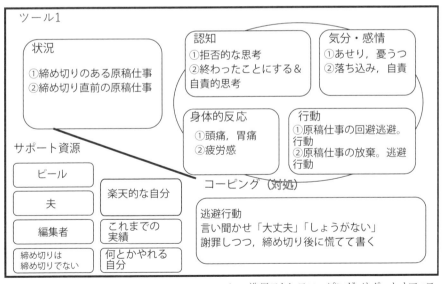

図 1-8　アセスメントの例（原稿問題その 2）

昔はなぜか，締め切り前日の夜の8時が来た時に，急に自動思考がぱちんと過去形に切り替わる，ということを体験していました。それまでは「やばい」「間に合わない」だったのが，8時を迎えた瞬間に，「終わった」という過去形に変わるのです。そして「あーあ，やっぱり終わらなかった」と嘆き（「やっぱり」も何も，書いていないんだから，終わらなかったのは当然なのにね……笑），締め切りまでに原稿を提出できなかった自分を「ダメ人間だ」と嘆くのです。自動思考が切り替われば，もちろん気分・感情も切り替わって，落ち込みや自責感がわいてきます。身体的には何もしていないのに疲労感が出てきてぐったりして，行動としては，もう終わったことになっちゃったのでパソコンの電源を切ってしょんぼりビールを飲んじゃったりします。これが，私が昔，しょっちゅう体験していた「原稿が締め切りまでに書けない問題」です。もうほとんどパターン化されていました。

　ちなみに原稿はどうなるかというと，基本的に私は気が小さいので，締め切りを過ぎた原稿を，何日も何週間も放置するといったことはできず，コーピングの欄にもある通り，締め切りを過ぎてから編集者に「遅れます」という謝罪のメールを出し，慌てて書き始め，締め切り数日後に提出する，ということになっていました。結局締め切り後に追い詰められて，慌てて書く，というパターンの繰り返しです。つまり結局書くんです。なので私としては，「どうせ書くのなら，締め切り前に余裕を持って書けたら，どんなにいいだろうか？」と夢見ていました。締め切りを過ぎて慌てて書くよりは，締め切り前に余裕をもって書き終える方が，私自身のメンタルヘルスにとってもよいはずです。なのでこの件を主訴としてセルフで認知行動療法に取り組むことにしたわけです。

　次に示すのは，「アセスメントのまとめ」（図1-9）です。初級ワークショップやケースフォーミュレーションのワークショップでお伝えした通り，エピソードレベルの具体的なアセスメントシートの「まとめ」を行います。さきほど申し上げた通り，そこにはパターンがあるはずで，そのパターンを抽出して，外在化するのが，「まとめ」です。

　「アセスメントのまとめ」が記載されたアセスメントシートを見てみると，まず一巡目が「締め切りのある原稿仕事」に直面したときの，私自身の認知，気分・

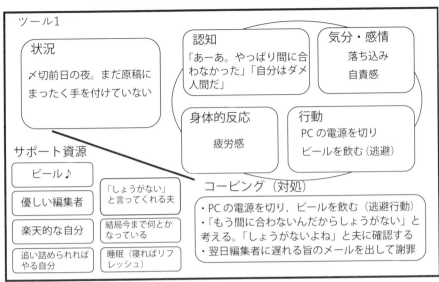

図 1-9　アセスメントのまとめ（原稿問題）

感情，身体反応，行動がまとめられています。具体的には原稿仕事に対して拒否的な思考が生じ，それと共にネガティブな気分・感情と身体反応が生じ，原稿仕事を回避し，逃避行動に走ります。次の二巡目は，一巡目の反応が続くことによって，とうとう「締め切り直前」という状況に入ったときの，私自身の反応がまとめられています。具体的には，まだ締め切りは過ぎていないにも関わらず，「終わったことにする思考」とそれに対して「自責する思考」が生じ，それと共に一巡目とはまた別のネガティブな気分・感情と身体反応が生じ，ここで完全に原稿仕事を放棄するという行動に走ります。もう嫌になっちゃうぐらい，このような悪循環がしょっちゅう起きていました。

　ただ，私の場合，原稿仕事を完全に放棄するわけではないんです。コーピングの欄に書いてある通り，結局，締め切り後に編集者に謝罪しつつ，あわてて原稿を書いて，どうにか辻褄を合わせるんですよね。サポート資源には「これまでの実績」「何とかやれる自分」ということが挙げられているとおり，締め切りには間に合わないけれども，どうにかこうにか原稿は書き上げて提出する，ということを繰り返しているので，それが変な支えになってしまい，だからこそ心のどこかで「締め切り後のそう遅くはない時期に提出できれば何とかなる」的な思いとい

うか甘えがあるので，かえって締め切り前に書けない，ということになってしまっているのでしょう。サポート資源にある「締め切りは締め切りではない」という文言がそれを裏付けています（笑）。

　以上がアセスメントについての簡単な解説でした。こんなシンプルな体験でも，こうやってアセスメントをして，まとめてみるといろいろなことがわかりますね。認知行動療法では，このように困りごとについて，まずはアセスメントする必要があるということをお示ししました。このネタについては，後でさらに問題解決法を適用した事例として詳しくご紹介するので，頭の片隅に置いておいてください。

■ 書籍の紹介

　それでは，これまで述べてきた「認知行動療法＝協同的問題解決の過程」ということを詳細に示してくれている専門書をひとつご紹介しましょう。アーサー・ネズ Nezu, A. M. らの『認知行動療法における事例定式化と治療デザインの作成：問題解決アプローチ』(星和書店) という書籍です。図 1-10 の左側に示したのは，その原書です。

　この本は，認知行動療法はそもそも問題解決のプロセスなのだから，セラピス

図 1-10　『認知行動療法における事例定式化と治療デザインの作成　問題解決アプローチ』

トは認知行動療法の流れ自体を問題解決的にマネジメントする必要があるということを，まず前半で述べています。さきほど私がお話したことを，より「問題解決」のメカニズムや各ステップに即した形で，具体的に解説しています。そして後半は，「抑うつ症状」「パニック障害」「怒りの問題」「カップルの問題」など，臨床現場で遭遇しやすいいくつかの問題を，問題解決的にマネジメントすると，具体的にはどういう問題が定式化され，どういう目標が設定され，結果としてどのような技法が導き出されるか，ということがエビデンスに基づいて提示されています。ネズ先生たちのこの本については，私は2004年に神戸で開催された世界行動療法認知療法会議（WCBCT）で，ネズ先生らのワークショップに参加して知り，読んでみたところ，問題解決と認知行動療法の関連性がよくわかり，とても勉強になることから，私たちのチームで翻訳することにして，2008年に翻訳書を出版しました。

　これ，本当に素晴らしい専門書なので多くの方々に読んでもらいたいですし，心理教育のツールとしてクライアントとも共有できる内容がたくさん記載されているのですが，残念ながら絶版になってしまいました。こういう専門書こそ売れて欲しいなあ，と私なんかは思うのですが，どうも思うようには売れなかったらしいのです。本当に残念です。Amazonで検索してみると，めちゃくちゃ高い値段で取り引きされているようで，お勧めしません。なので可能であれば図書館で借りて読んでいただければな，と思います。もし難しければ，そして英語を読むことに抵抗のない方は，ぜひ原書をお読みください。こちらは定価で購入できますし，Kindleでも購入できるようですので。こうやって熱くお勧めするぐらい，素晴らしい本なんです。

　もうちょっと読みやすい，専門書でない参考図書をご紹介します（図1-11）。新書ですので安いですし，一般向けに読みやすく書かれているので，この本はとってもお勧めです。著者は安西祐一郎先生という方で，認知科学の専門家なのですが，この安西先生が1985年に中公新書として出版された『問題解決の心理学』という本です。もう35年以上前に出版されたものですが，いまだに版を重ねており，書店でも買えますし，Amazonでもすぐに購入できます。さきほどニューウェルとサイモンの話をしましたが，もともと認知科学や認知心理学の研究の出発点の一つが問題解決なんです。人がどういうふうに問題を解決するか，特に認知的な問題解決の仕組みをモデル化して，認知科学の場合はそれをコンピュータに

再現させるというところから人工知能の研究というのは始まっています。つまりこれらの学問領域では，人間を「問題解決システム」とみなします。人間は，問題解決をするシステムであるのだと。そして，人生というと話が大きくなっちゃいますが，人生というか生活，私たちの日々の営みというのは全て，「問題解決システム」である人間が行う「問題解決のプロセス」なんだとみなすわけです。その問題解決のプロセスがどういう仕組みなのかを調べてみましょう，というのが認知科学や認知心理学における問題解決研究なんですね。この問題解決研究については，1960年代や70年代に基礎的な研究が行われ，今ではだいぶ細分化されていますが，問題解決に関する基礎的な理論やモデルは，それらの年代にある程度出尽くしている面があります。それを安西先生が新書という形で，一般の人にもわかりやすくまとめてくれたのが，1985年に出版されたこの本なんです。認知科学の先生なので，科学的な研究の話もたくさん出てくるのですが，それだけではなく，たとえば『二十四の瞳』という小説がありますよね。壺井栄さんが書いた，小豆島の小学校が舞台の物語で，何度も映画化されています。そういった文学作品を問題解決という視点から読み解く，というとても面白い試みもあって，問題解決システムとしての人間，問題解決プロセスとしての人生を，多角的多面的に理解することができますし，問題解決の心理学の基礎的なところを学ぶことができます。そもそも問題解決とは何か，ということに関心のある方にはぜひ読んでもらいたいと思います。

図 1-11　　安西祐一郎『問題解決の心理学　人間の時代への発想』中公新書

図 1-12　伊藤の渾身の論文が掲載されている書籍

　もう一つ，『認知臨床心理学』という書籍に掲載されている私自身の論文を紹介します。これは，私の恩師である小谷津孝明先生らが編集した本で，認知心理学と臨床心理学のインターフェイスを扱った専門書です（図 1-12）。ここに私自身は「問題解決療法と認知心理学」という論文を掲載させてもらいました。これは，認知心理学における問題解決研究と，認知行動療法における問題解決法や問題解決療法といった臨床実践とのインターフェイスについて論じたものです。これまで述べてきたようなことを，より専門的かつ具体的に述べており，ものすごく頑張って書いた論文なので，機会があればぜひ皆さんにも読んでもらえたら嬉しいです。

　実はこの論文自体，締め切りに間に合わせられなくって，めちゃくちゃ苦しんだことを覚えています。さきほど紹介したアセスメントそのもののことが起きていました（笑）。これは 3 日で書ける原稿とは規模が違うので，結局締め切りを 2 カ月ほど過ぎて提出したんです。私にとって「2 カ月締め切りを過ぎる」なんていうのは，もうほぼ「罪人」みたいなイメージなので，本当に何度も謝りながら，何とか書き上げて提出しました。これだって今だったら問題解決法を用いて，締め切りまでに書いて出せると思います。時間を巻き戻せたら，ぜひそうしたいと思いますが，当時の私には，まだ無理でした。まあ，そんなふうに苦しんで書いた論文なのでぜひ皆さんに読んでいただきたいですし，「認知心理学と臨床心理学のインターフェイス」という本書のコンセプトそのものが非常に面白く，他の執

筆者の方々の論文もとても興味深いので，手に取ってみてください。

　ここまでが，そもそものお話でした。すなわち，そもそも「認知行動療法それ自体が問題解決なんだ」ということ，そしてさらにそもそも「我々人間は問題解決をするシステムなんだ」「人生それ自体が問題解決のプロセスなんだ」「生活とは問題解決の連続なんだ」という，ちょっと大きなお話をさせてもらいました。この「そもそも話」をベースに，この後は技法としての問題解決法についてお話をさせてもらいます。

小谷津孝明他（編）『臨床認知心理学　（叢書　実証にもとづく臨床心理学）』（2008）東京大学出版会．

第2章　伊藤絵美　pp. 17-34

問題解決療法と認知心理学

2-1　認知心理学と臨床心理学のインターフェース

2-2　認知心理学における問題解決研究

2-3　認知行動療法における問題解決アプローチ

2-4　認知心理学と認知行動療法のインターフェースとしての認知行動療法

2-5　課題と展望：実証に基づく問題解決療法

※原稿書けなくて苦しんだ渾身の論文
※読んでもらえると超嬉しいです！

§2

技法としての問題解決法

■ はじめに

　では「技法としての問題解決法」とはどのような技法か，ということについて解説します。「問題解決法」とさきほどから申し上げておりますが，実は従来の英語表記は「Problem Solving Therapy」なんですよね。直訳すれば「問題解決療法」ということになります。私は認知行動療法の一技法として問題解決法を位置づけていますが，従来，認知行動療法とかなり重なってはいるものの，一つの独立した療法，すなわちセラピーとして「問題解決療法」が提唱された，という経緯があります。なので「Problem Solving Therapy」という名称がついており，「問題解決療法」となるわけです。ただし，さきほどのネズらの本を読んでも，結局は問題解決療法が一つの技法として，認知行動療法に吸収されていることがわかるので，私自身は「問題解決法」と呼ぶようにします。「療法」と呼んでしまうと，認知行動療法から独立した別のセラピーのように響いてしまうので。

　ちなみに健康な方を対象として問題解決療法を適用する場合は，「Problem Solving Therapy」ではなく，「Problem Solving Training」すなわち「問題解決トレーニング」「問題解決訓練」と呼ばれることもあります。セラピーにしてもトレーニングにしても「T」が頭文字なので，略して「PST」と呼ばれることもよくあります。

　では技法としての問題解決法の定義を以下に挙げます。

問題解決法：クライアントが自ら抱える生活上の具体的な問題（困りごと）を，クライアント自身が解決できるようになるための，一連の認知および行動のプロセス。

この定義には2つのポイントがあります。第1のポイントは「問題」とは何か，ということです。問題解決法で扱う問題は，人生上の抽象的な，あるいは実存的な問題ではありません。つまり「人生とは何か」とか「人は何のために生きているのか」とか「愛とは何か」といった大きな話ではないということです。そうではなくて，日々の生活において日常的に遭遇する具体的な問題や困りごとを対象とする，ということです。そのような生活上の具体的な問題を，自分で何とか乗り越えようとするための手法が問題解決法です。

　もう1つのポイントは，問題解決法には行動だけでなく認知も含まれる，という点です。ご存知の方が多いと思いますが，古典的な行動療法においても「問題解決技法」というのがあり，ずっと活用されてきています。ただ，そこには「認知」は含まれず，あくまで行動的な技法として扱われていました。しかし今回ご紹介する問題解決法は，さきほど紹介したネズや，この後に紹介するズリラ D'Zurilla, T. J. といった方々の問題解決療法を経て定式化された認知行動療法の技法で，ここでは行動のみならず認知も非常に重視されています。したがって，問題解決法は，認知行動療法のなかでもどちらかというと行動的な技法として分類されますが，実は認知的なプロセスも重要であるということを，まずここで押さえておいてください。どのように認知が重視されているか，という具体的な話はまた後で出てきます。

　この問題解決法について，もう一つ重要な点をお伝えしておきます。それは「問題解決法の目的は，問題解決のプロセスを何度も体験することで，問題解決の考え方と方法をクライアント自身に身につけてもらうことである」ということです。つまり問題を解決することが目的ではなく，問題解決法を習得してもらうことを目指します。ある意味スキルトレーニングなんです。やり方を身につけてもらう。さきほど申し上げた通り習い事のようなものです。自動車教習所に1回行ったからといって，車の運転は身に付きません。それと同じく，問題解決法も1回やっておしまいではなくて，何回も何回も繰り返し体験してもらうことを通じて，その考え方とスキルをクライアントが身に付ける。そして生活のなかで，ご自身で使えるようになる。日常生活のなかで遭遇する具体的な問題や困りごとに対して，クライアント自身が問題解決法を使って対処したり乗り越えたりすることができるようになるというのが目的なのです。この辺は，認知再構成法など認

知行動療法の他の技法と全く同じですね。認知再構成法もエクスポージャー（曝露療法）も SST（ソーシャルスキル・トレーニング）もリラクセーション法もマインドフルネスも，認知行動療法の技法は全て，何回も練習し，体験することを通じて，それをご自身のスキルとして上手に使えるようになっていく。問題解決法も同じく，何度も体験することを通じて，生活上の問題の扱いがうまくなっていくわけです。

■ 技法としての問題解決法の位置づけ

　認知行動療法にはさまざまな技法があって，図 2-1 に掲載したのはその一部ですが，ここでお伝えしたいのは，諸技法のなかで問題解決法がどのような位置づけにあるのか，ということです。これについても詳細は，先ほど紹介したネズ先生らの本を読んでいただきたいのですが，簡単に言えば，認知行動療法においては，認知再構成法と問題解決法が二大技法である，ということです。この2つが横綱級で，相撲の番付表で言うと「東と西の両横綱」に該当します。この2つが

図 2-1 「技法としての問題解決法」の位置づけ（参考：アーサー・M・ネズほか著（伊藤絵美監訳，2008）認知行動療法における事例定式化と治療デザインの作成：問題解決アプローチ．星和書店．）

最も効果と汎用性が高いことが示されている技法なのです。

　先ほども述べたとおり，ネズ先生らの本（『認知行動療法における事例定式化と治療デザインの作成：問題解決アプローチ』）の前半は，「認知行動療法を問題解決的にマネジメントするとはどういうことか」についての解説で，後半は「抑うつ症状」「パニック障害」「怒りの問題」「カップルの問題」など，臨床現場で遭遇しやすいいくつかの問題を，実際に問題解決プロセスに沿ってケースフォーミュレーションをすると，どういう問題や目標が設定されやすいか，それらの設定に沿うとどういう技法が選択されることになるか，といったことがエビデンスに基づいて具体的に提示されています。そこに圧倒的な頻度で登場するのが，やはり認知再構成法と問題解決法という両横綱です。本書からも，この２つの技法がいかに汎用性が高いか，ということがよく理解できます。

　ちなみにこれは私の考えですが，他の汎用性の高い行動的な技法として，エクスポージャー（曝露療法），曝露反応妨害法，行動活性化，SST（ソーシャルスキル・トレーニング）といったものがあると思うのですが，これらについても，問題解決法の延長線上に位置づけて考えてもらえるとよいと思います。問題解決法によって行動変容への道筋をしっかりとつけられるようになると，その応用としてこれらの行動的技法がとても使いやすくなるかと思います。

　認知再構成法と問題解決法の位置づけを，認知行動療法の基本モデルに関連して，さらに見ていきたいと思います。そこで，また「そもそも話」で恐縮ですが，「そもそも認知行動療法とは？」ということを確認しておきましょう（図2-2）。

　そもそも認知行動療法では，クライアントの抱える症状や困りごとや悩みや問題を，この基本モデルに基づいてアセスメントをするのでしたね。そして先ほどの私の原稿の例もそうでしたが，アセスメントをすると悪循環が見えてきます。その悪循環を解消するために，個人が動かせるところはどこでしょうか？　まず自分の外側の「世界」（環境，出来事，状況，対人関係など）は，直接動かすことはできません。自分の行動を使った働きかけはもちろん可能ですが，それをせずに，魔法のように外側のことを変えることはできませんね。一方，自分自身の体験である，「認知」「気分・感情」「身体反応」「行動」のうち，「気分・感情」と「身体反応」もまた，直接動かすことができない，というのが認知行動療法の基本

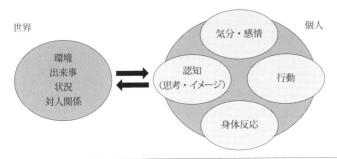

図 2-2　そもそも「認知行動療法」とは？

的な考え方でしたね。一方，自分で対処したり工夫したり選択したり，すなわち
直接的にコーピングできるのが，「認知」と「行動」でした。だから「認知行動療
法」という名前がついているのでしたね。認知と行動のコーピングを通じて，悪
循環を解消するのが認知行動療法なのです。

　それではあらためてこの認知行動療法の基本モデルに，認知再構成法と問題解
決法を位置づけてみましょう（図 2-3）。悪循環を解消する際に，認知に焦点を当
てて，「代わりにどう思ってみるとよいのだろうか？」との問いを立て，新たな認
知を生み出していくのが認知再構成法になります。認知の側から対処して，悪循
環を解消しようとするのです。一方で，行動に焦点を当てて，「代わりにどう動い
てみるとよいのだろうか？」との問いを立て，新たな行動を考案し，実践してい
くのが問題解決法になります。行動の側から対処して，悪循環を解消しようとす
るものです。しかし，言ってみれば，認知と行動って表裏一体なんですよね。私
たちは何か思ったり考えたりしながら（認知），同時に何かしていますし（行動），
一方，私たちが何かしているときは（行動），それと同時に何か思ったり考えたり
（認知）しています。認知と行動は単体で別々にある現象ではなく，背中合わせで
同時に起きている現象です。ですから認知再構成法で認知に変化を起こせば，そ
の変化は必ず行動にも波及します。認知が変われば，それに伴って行動も変わる
はずなんです。一方，問題解決法で行動に変化を起こせば，同じようにその変化
は認知にも波及します。まあ，そもそも問題解決法は最初から認知も扱うので，
行動にフォーカスしつつ，認知にもフォーカスするので当然と言えば当然のこと
なのですが。ともあれ，見せ方としては「認知再構成法は認知を扱う，問題解決

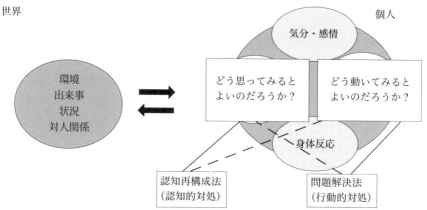

図 2-3　認知再構成法と問題解決法の位置づけと関連性

法は主に行動を扱う」ということになってはいますが，結局のところ，認知再構成法も行動を扱うし，問題解決法も認知を扱うのです。この図の点線はそのことを示しています。なので，ぶっちゃけ言ってしまえば，悪循環を解消するためにフォーカスするのは，認知でも行動でもどっちでもよい，ということになります。どのみち認知を変えれば行動も変わるし，行動を変えれば認知も変わるので。そしてどのみち悪循環が解消されるので。

　ではこのことを私の「原稿問題」に当てはめて考えてみましょう。「締め切りがある原稿を目の前にすると拒否的な自動思考が浮かんで，原稿仕事を回避し，逃避行動に走ってしまう」という悪循環を，どのようにして解消するか。これについても，乱暴な言い方になりますが，変えるのは認知でも行動でもどっちでもいいんです。どうせどちらかを変えれば，もう一方も変わるし，全体の循環も変わりますから。ですから，たとえば認知に焦点を当てることにして，原稿の仕事を目の前にして「いやだ」「面倒くさい」「やりたくない」「引き受けなければよかった」「間に合わないんじゃないか」といったネガティブな自動思考，逃避行動に自分を持っていってしまう自動思考を手放し，原稿仕事に向き合えるような新たな思考を再構成することができます。そしてそれを行動実験につなげていって，「締め切りの前の原稿執筆行動」という方向に自分の行動を持っていけばよいのです。
　このように認知にフォーカスし，認知の変容を行動実験に持っていくという流れでもいいですが，一方で，「いやだいやだ」と思いながらやっちゃえばいいじゃん，手を付けちゃえばいいじゃん，という流れもあります。つまり認知は放置し

て，行動してしまいます。「いやだいやだ」と思いながらも原稿執筆の方向に行動を作っていくのです。「いやだいやだ」と思いながらも資料を読み込む，「いやだいやだ」と思いながらも原稿のためのファイルを作る，「いやだいやだ」と思いながらも何か文章を書いてみる，ということを続けていくうちに，原稿が書けてしまえば，後から「いやだいやだと思っていたけど，書けちゃった！」というふうに認知も変わるでしょう。そうなると，次に原稿仕事を目前としたときに「いやだけど，書けちゃうかも」というふうに思えるようになるかもしれません。つまり本当にどっちでもいいんです。悪循環から脱出するために，認知を突破口にしてもいいし，行動を突破口にしてもいい。どこを突破口にするかは，当事者が決めればいいことだと思います。

　ここでもう一つ，ものすごーく大事な話をしておきたいと思います。さきほど私は「締め切りに間に合うように原稿を書く」というのが唯一の解決策（ソリューション）であるかのように語りましたが，本当にそうでしょうか？　なんだかんだ言って，私は真面目な人間だし，皆さんの多くも真面目な方だと思います。そういう真面目な人間は，どうしても「いい子ちゃん」のソリューションだけを思いついてしまって，それしかないように感じてしまうのですが，実は「締め切りに間に合うように原稿を書く」ではないソリューションだってあり得ますよね。たとえば「締め切りを伸ばしてもらう」とか，「誰かに手伝ってもらう」とか，「誰かに丸投げしてしまう」とか，問題解決法を通じてそういうソリューションを実施するのだって十分に「あり」です。それどころか，「締め切りを大幅に過ぎてもうこれ以上は無理というタイミングで何とか原稿を書き上げる」だって，編集者や出版社的には NG かもしれませんが，別に法律を犯しているわけではないし，最終的には書き上げるのだから，本人が「それでよし」と思うのであれば，やはり「あり」かもしれません。さらに極端なシミュレーションをしてみましょう。「原稿を放棄する」「原稿を放棄して失踪しちゃう」というのはどうでしょうか。原稿を放棄するとか，失踪するとか，これらだって犯罪でもなんでもないわけですよ。契約違反にはなるかもしれませんが，すくなくとも「原稿放棄罪」などという犯罪はなく，また失踪だって周囲の人は困るかもしれませんが，犯罪ではないので，「触法行為か」という基準でみれば，セーフなわけです。

　ここで最も重要なのは「本人の納得」です。本人がその問題に対してどのようなソリューションを望んでいるのか。それが自傷他害行為や触法行為でなければ，

セラピストを始め他人が介入することではありません。さきほども言いましたとおり，私たちセラピストは結構真面目な人が多いので，どうしてもいい子ちゃんのソリューションを思いつきやすい。原稿の件だと，「締め切りまでに原稿を提出するのが当然でしょ」となりがちなのですが，そうではなく，本人が納得できるソリューションなら何でもいいのです。そこは常識にとらわれず，自由に，そして柔軟に考えたいものですね。

　ここでこの件に関して，本当にあった面白いお話を一つ紹介しておきましょう。さきほど『臨床認知心理学』という本をご紹介しましたが，同じシリーズで『臨床社会心理学』という書籍が東京大学出版会から出ています。こちらは社会心理学と臨床心理学のコラボレーションを目指した本で，私は個人的に臨床心理学を理論的，実証的に支える学問の一つとして社会心理学はとても参考になると考えており，そういう意味でとても興味深く面白い本なので多くの方に読んでもらいたいと思っています。そしてこの本の「臨床心理学から見た臨床社会心理学」という章は私が執筆しました。しかし実は最初にこの章の執筆を依頼されたのは私ではないんです。私は『臨床認知心理学』の方で論文を依頼されており，さきほども申しました通り，四苦八苦して，締め切りを過ぎてからようやく脱稿できたぐらいの仕事でした。ですからこちらの『臨床社会心理学』については，当初まったくタッチしていなかったのです。では，なぜ結果的に私がこちらの本でも執筆することになったのか。

　実はこの「臨床心理学から見た臨床社会心理学」という章は，とある大御所の先生，ここではＡ先生とお呼びすることにしますが，Ａ先生が執筆することが決まっており，もちろんＡ先生も了承していたのです。ところが，締め切りを大幅に過ぎてもＡ先生から原稿が上がってこない。待てど暮らせど原稿が提出されない。編集の先生方はとても困ってしまいました。そこで編集の先生方や出版社の編集者の方がＡ先生に原稿を何度も催促しました。具体的にはメールを出したり電話をかけたりしたそうです。それに対してＡ先生からは，最初は「今書いているから，もう少し待ってくれ」といった「蕎麦屋の出前」みたいな返答があったそうですが，そのうちに，メールを出しても電話をかけても反応が全くなくなってしまったんだそうです。つまり，もうどうにもならなくなってしまった。出版のスケジュール的にも本当の意味でのデッドラインを超えつつあって，編集の先生方が頭を抱えてしまったんです。その先生方の一人が私の親しい友人かつ専門

家仲間で，彼がこのような事情を打ち明けてくれると共に，「伊藤さん，A先生の代わりに原稿を書いてくれないかな」と頼んできたのです。

　大切な友人のたっての願いですから，私のほうでも，もう締め切りもへったくれもなく，めちゃめちゃ頑張って，そして猛烈な勢いで「臨床心理学から見た臨床社会心理学」という論文を書き上げました。いつも原稿を書くのにぐずぐずしていた私としては奇跡のような仕事ぶりです（笑）。しかし，ここで皆さんにお伝えしたいのは，そこではありません。そこではなく，このA先生の問題解決のありようについてです。

　A先生は，一度はご自身で引き受けた原稿執筆の仕事を，「ぶっちぎる」「やらずに逃げ切る」「どんなに催促されてもスルーする」というやり方で問題解決しました。そしてさきほど言いましたとおり，A先生がそれでよいと思っているのであれば，このような問題解決も「あり」なんです。そしてこの話はここで終わらないところがすごいんです。この『臨床社会心理学』という書籍は，結果的に無事に出版されました。確認しようと思えば，自分が書くはずだった原稿を，代わりに私伊藤が書いたことは簡単にわかるはずです。私がもしA先生の立場だったら（もちろん原稿をぶっちぎるといったことは小心者の私には絶対にできませんが），仮に原稿をぶっちぎって代わりに誰かがその原稿を書いてくれたのだとしたら，もう一生，その人に頭が上がらないと思うことでしょう。というか，申し訳なくて申し訳なくて，ひたすら謝り続けつつ，高額の贈り物をするとか，高級なお店で接待するとか，とにかく何かしないと気が済まないことでしょう。しかしA先生のすごいところは，そういうことをすることは全くなく，この件について「なかったこと」にして振る舞い続けていることなんです。

　実際，その後，学会などで私はA先生に何度もお目にかかっています。会えばもちろん挨拶したり近況報告したりするような関係性です。私が代わりに原稿を書いたことをA先生がご存知かどうかは知りませんが，とにかく例の原稿の件について，A先生が少しでも触れたことは一度もありませんでした。私はほとほと感心してしまいました。私だったらこのようなソリューションは絶対に無理だからです。そして問題解決のあり方は，本当にさまざまだし，それが犯罪だったり誰かを傷つけたりすることでなければ何でもいいんだよな〜と，心底実感しました。それでかえって私はA先生のことがさらに好きになりましたし，代わりに原

稿を書くのは大変な仕事でしたが，結局このように問題解決法のワークショップのネタにすることができるわけで，むしろ感謝しているぐらいです。ずいぶん長々とＡ先生の件をしゃべってしまいましたが，言いたいことは「いい子ちゃんにならず，自由にのびのびと問題解決法に取り組もう」ということです。皆さんも，クライアントと問題解決法に取り組むときにも，ぜひＡ先生のことを思い出して，自由な発想でのびのびと楽しく取り組むようにしてください。

■ 技法としての「問題解決法」が目指すもの

では，ここからはそもそもの話ではなく，技法としての「問題解決法」について解説していきます。技法としての問題解決法が目指すのは，「具体的な問題を具体的に解決する」ということです。生活上の具体的な問題，学業や職業での具体的な問題，あるいは対人関係における具体的な問題を具体的なやり方で解決していくための，一連の知識とスキルを習得してもらう，というのが技法としての問題解決法が目指すことです。「具体的」というのがキーワードですね。人生の問題とか，実存の問題とか，そういう抽象的な問題ではなく，あくまでも具体的な問題にフォーカスします。

そこで重要になってくるのが「認知」です。問題解決法では，問題が生じたときに有用な認知，それを「問題解決に向けた適応的な認知」と呼びますが，そのような認知を習得してもらうことも目指します。問題が生じたときに，そもそもその問題の受け止め方がうまくないとおかしな方向に行っちゃうよ，だから問題が生じたら，まずそれを認知的にうまい具合に受け止めましょう，というのが「適応的な認知」ということになります。その認知の中身については後ほど具体的に紹介しますが，このような適応的な認知を獲得したり習得したりすることも問題解決法の目的の一つです。

さらにこの問題解決法の目的として，「問題解決スキーマを形成する」ということが挙げられます。ここでいうスキーマとは，スキーマ療法における「早期不適応的スキーマ」のことではなく，認知心理学における「認知構造」という意味のスキーマです。問題解決のための一連の知識とスキル，そして問題解決に向けた適応的な認知が全て，「構造化された認知」すなわちスキーマとしてその人の中にしっかりと内在化されることを目指すのです。問題解決スキーマが形成される

と，スムースに問題解決ができるようになります。問題が生じたときに，問題解決スキーマが活性化されることによって，問題解決のための適応的な行動が容易に導き出されるようになるのです。これを「問題解決スキーマの手続き化」と言います。これらも認知心理学の考え方です。ここまで来ると，人は問題解決のエキスパートになるわけです。

　以上が問題解決法で目指すことです。もうご理解いただけたかと思いますが，問題解決法において重要なのは，「問題を解決すること」ではなく，問題解決法について学び，問題解決法を繰り返し体験することによって，「問題解決についての適応的な考え方と手続き」がクライアントに内在化されることです。生活における具体的な問題解決に関するエキスパートに育ってもらうのです。そして問題解決法に取り組んだクライアントは皆，実際にそうなります。皆さん，ものすごく変化して，自分のために主体的に問題解決ができるようになります。そのたびに，問題解決法はとってもパワフルな技法だなあ，と感心します。

■ 問題解決法，問題解決療法に関する文献

　問題解決法や問題解決療法に関する文献を紹介しておきましょう。まず，すでに出てきたズリラやネズの書籍です（図2-4，2-5）。

　トーマス・J・ズリラ著（丸山晋監訳，1996）問題解決療法——臨床的介入への社会的コンピテンス・アプローチ．金剛出版．
　アーサー・M・ネズほか著（高山巌監訳，1993）うつ病の問題解決療法．岩崎学術出版社．

　この2冊は，私自身は原著も翻訳書も，何度も読み込んだ名著です。2冊とも，単に問題解決療法や問題解決法のことが深くかつ具体的に理解できるだけでなく，問題解決に関する実証研究のレビューや，それを臨床にどのように適用するのかという議論や，各技法を問題解決療法という包括的なセラピーとして統合することについての検討や，それらに関する実証的効果研究についてのレビューなど，「臨床心理学という学問を実証的に構築し，発展させていく」ということに関連した議論が尽くされているような本で，非常に勉強になります。今回，問題解決法のこのワークショップを全面リニューアルするにあたって，あらためてこ

図 2-4 『問題解決療法—臨床的介入への
社会的コンピテンス・アプローチ』

図 2-5 『うつ病の問題解決療法』

の2冊をじっくりと読み直したのですが，やはりとても勉強になりましたし純粋に学問的な面白さをあらためて味わいました。

　それにしても認知行動療法の本と違って，問題解決療法や問題解決法の本って，さきほど紹介した私たちが翻訳した本も含めて，本当に売れないんですよ。壊滅的に売れない。こんなに内容的に素晴らしいのに，なんでこれほど売れないんだろうと悩んでしまいそうなぐらい売れない。今ご紹介した2冊も翻訳書は絶版になってしまっており，書店で購入することができません。そういうわけでご興味のある方は原著に当たっていただくか，図書館等で借りて読んでいただければと思います。借りてでも読んでいただく価値のある本たちだと私は思っています。

　そのネズやズリラを継承して問題解決療法を展開しているウォリス Wallis,L. が著した本の情報を，以下に紹介します（図2-6）。

ローレンス・M・ウォリス著，（明智龍男ほか訳，2009）不安と抑うつに対する問題解決療法．金剛出版．

　これは，先の2冊ほど学問的ではなく，臨床実践に軸足を置いた問題解決療法の本になります。現時点ではこちらは Amazon 等で定価で購入できるようで

図 2-6 『不安と抑うつに関する問題解決療法』　図 2-7 『ワークシートで学ぶ問題解決療法』

す。問題解決療法の本がなかなか売れない現状を考えると，ご興味のある方は早めに手に入れたほうがよいかもしれません。

　一方，最近この本の存在を知り，購入しました（図 2-7）。

> 平井啓・本岡寛子著（2020）ワークシートで学ぶ問題解決療法：認知行動療法を実践的に活用したい人へ 実践のコツを教えます．ちとせプレス．

　著者のお二人は，問題解決療法について精力的に日本で活動されてきた先生方です。今回ご紹介する問題解決法とだいぶコンセプトや方法論が重なっており，さまざまなワークシートが紹介されています。関心のある方は手に取ってみてください。出版が 2020 年ということなので入手しやすいと思いますし, Kindle 版もあるようです。

　次に私が今回ご紹介する技法としての問題解決法のツールや実践について，一番参考にしたズリラの論文をご紹介します。

> D'Zurilla, T. J.（1990）Problem-solving training for effective stress management and prevention. Journal of Cognitive Psychotherapy, 4(4), 327-354.

これは私が問題解決法を学ぶ際に最も参考にした論文で，タイトルを見ていただくとわかるように「問題解決療法」ではなく「問題解決トレーニング」なんですよね。これは，臨床実践というよりは，健康な方に向けた予防のためのストレスマネジメントのプログラムなんです。実は次章でご紹介する問題解決法のツール（ツール6）も，この論文に提示された問題解決法のマニュアルが下敷きになっています。とてもわかりやすく，実用的な論文なので，興味のある方はぜひ読んでみてください。

　最後に私自身の本を2冊ご紹介いたします（図2-8，2-9）。どちらも今日ご紹介する問題解決法とそのためのツール（ツール6）を用いた具体的な事例が収録されていますので，問題解決法が認知行動療法の事例において実際にどのように導入され，展開されるのか，という具体例を知りたい方には参考にしていただけると思います。

> 伊藤絵美（2008）事例で学ぶ認知行動療法．誠信書房．
> 伊藤絵美（2016）伊藤絵美の認知行動療法入門講義〈上下〉．矯正協会．

図 2-8　『事例で学ぶ認知行動療法』　　　図 2-9　『伊藤絵美の認知行動療法入門講義』

§3
問題解決法で用いるツール（ツール6）の使い方

■問題解決法で用いるツール（ツール6）

　それでは私が開発した,問題解決法で用いるツールについてご紹介しましょう。具体的な使い方については後ほど追い追いお示ししますので，ここではざっくりとした紹介にとどめます。私たちはこのツールを「ツール6」とナンバリングして呼んでいます（図3-1）。

　ちなみに当機関でナンバリングしているツールはこの「ツール6」が最後で，念のためご紹介しておくと,「ツール1」が認知行動療法の基本モデルが記載されたアセスメントシート,「ツール2」がケースフォーミュレーションで用いる問題リストや目標リストを外在化するシート,「ツール3」「ツール4」「ツール5」が認知再構成で用いる3枚セットのシートです。とにかく私はツールを自分で作るのが好きで，これらのツール1～6だけでなく，さまざまなツールをあれこれ工夫して作ったり改良したりしています。これはもう趣味の領域です（笑）。

　認知再構成法では，従来1枚だった「非機能的思考記録表」を，ツール3, 4, 5の3枚のツールに展開しましたが，この問題解決法では，あえてA4版で1枚のツールに収めることにしました。このツール6は先ほどご紹介したズリラの1990年の「問題解決トレーニング」の論文を大いに参考にしています。当初はズリラの論文に掲載されていた問題解決トレーニングのマニュアルを翻訳して使っていたのですが，それがだいたいA4版で3枚か4枚というボリュームだったんです。それを使っているうちに，「なんか枚数が多くて煩雑だなあ」「1枚のツールにすっきりと収められないかなあ」と思うようになりました。自分でも天邪鬼

ツール6 問題解決シート
クライアント ID:＿＿＿＿＿＿＿＿

問題解決ワークシート：対処可能な課題を設定し，行動実験をしてみよう

　　年　　月　　日（　曜日）　氏名：＿＿＿＿＿＿＿

1．問題状況を具体的に把握する（自分，人間関係，出来事，状況，その他）

2．問題解決に向けて，自分の考えをととのえる
□ 生きていれば，何らかの問題は生じるものだ。問題があること自体を受け入れよう。
□ 原因を一つに決めつけず，さまざまな要因を見つけてみよう。
□ 問題を「悩む」のではなく，「何らかの解決を試みるべき状況」ととらえてみよう。
□ 大きな問題は小分けにしてみよう。小さな問題に分解して，突破口を見つけよう。
□ 「解決できるか」ではなく，「対処できそうなこと」「できないこと」を見極めよう。
□ できることから手をつけよう。「実験」としてチャレンジしてみよう。
□ どんなことを自分に言うと，良いだろうか？ 下欄に記入してみよう。

3．問題状況が解決または改善された状況を具体的にイメージする

備考：

4．問題の解決・改善のための具体的な手段を案出し，検討する

	効果的か	実行可能か
1. ＿＿＿＿＿＿＿＿	（　　％）	（　　％）
2. ＿＿＿＿＿＿＿＿	（　　％）	（　　％）
3. ＿＿＿＿＿＿＿＿	（　　％）	（　　％）
4. ＿＿＿＿＿＿＿＿	（　　％）	（　　％）
5. ＿＿＿＿＿＿＿＿	（　　％）	（　　％）
6. ＿＿＿＿＿＿＿＿	（　　％）	（　　％）
7. ＿＿＿＿＿＿＿＿	（　　％）	（　　％）

5．行動実験のための具体的な実行計画を立てる

※以下のポイントを盛り込んだ計画を立てます ●いつ ●どこで ●どんなとき ●誰と・誰に対して
●何をどうする ●実行を妨げる要因とその対策は ●結果の検証の仕方

図 3-1　問題解決法で用いるツール（ツール 6 ）巻末にも掲載

だと思うのですが，認知再構成法の 1 枚のツールは 3 枚に増やしたくなったというのに，問題解決法の 3 ～ 4 枚のツールは 1 枚に減らしたくなっちゃったんですよね。そういうわけで，試行錯誤して 1 枚に収めた問題解決法のツール（ツール6 ）を作ったのが上の図 3-1 です。この 1 枚に問題解決法のすべてが構造的に外在化されており，もうかれこれ 15 年以上このツールを使い続けていますが，なかなか使い勝手がよいですし，多くのクライアントも馴染んでくださるようなので，もしよければ皆さんも試してみてください。ただし，これはあくまでもツール（道具）に過ぎないので，これにこだわる必要はありません。皆さんやクライアントが使いやすいツールを使っていただければよいかと思います。

　では，このツール 6 に沿って，問題解決法の手順をまずはざっくりと解説します。

問題解決法の手順

1．具体的な問題場面を同定する
2．「問題解決に向けた適応的な認知」を習得する（例：問題の受容，原因帰属の分散，「で

きるかできないか」ではなく「何ができそうか」と考える，など）
　3．目標イメージを具体的に作成する
　4．目標イメージを達成するための，具体的な手段を数多く案出し，効果と実行可能性を
　　評定する
　5．実行計画（行動実験のためのシナリオ）を立てる
　6．実行計画を実施し（行動実験），その効果を検証する

　この6つの手順のうち，1から5は，ツール6の1から5にそのまま該当します。これら6つの概要をご説明いたします。

　まず1番目。ツール6でいうと「1」の欄。「具体的な問題場面を同定する」。ここでは問題解決法で何の問題を扱うのか，ということを具体的に設定し，言葉で表現します。

　2番目。ツール6でいうと「2」の欄。ここに認知が登場します。「『問題解決に向けた適応的な認知』を習得する」。問題を同定したうえで，その問題や解決に向けてここでいったん認知を適応的な方向で整えるのです。

　3番目。ツール6の「3」の欄。「目標イメージを具体的に作成する」。今，目の前にある具体的な問題を，よい方向に持っていくために，どういうことが具体的にできそうか，その目標イメージを作ります。

　4番目。ツール6の「4」の欄。「目標イメージを達成するための，具体的な手段を数多く案出し，効果と実行可能性を評定する」。この4番目の作業は，前半と後半に分かれます。前半は3で設定された目標イメージを達成するための具体的な手段をブレインストーミング的にあれこれ出します。後半はブレインストーミングによって出された手段についてのアイデアを「効果」と「実行可能性」という2つの観点から評価します。

　5番目。ツール6の「5」の欄。「実行計画（行動実験のためのシナリオ）を立てる」。3番目の具体的な目標イメージと，4番目で高く評価された手段を組み合わせて，解決のための実行計画を立てます。それを実際に「行動実験」として実生活で試すのですが，そのための具体的なシナリオを作ります。

ツール 6 はこの 5 番目の欄で終わりですが，問題解決法の手順はもう一つ続きがあります。それが 6 番目。「実行計画を実施し（行動実験），その効果を検証する」。この最後の手続きが決定的に重要です。立てた計画は行動実験をしてはじめて，その効果を検証できるからです。問題解決法はツールだけで完結しないんです。ツールに書かれたシナリオを，実生活で実際に試してみて検証することができて初めて一連の問題解決法が終了します。

　ツール 6-1
　では，さらに具体的にそれぞれの手順について解説します。まず 1 番目（ツール 6-1）の「具体的な問題場面を同定する」について。ここでは問題解決法で扱う問題を同定し，外在化しますが，重要なのは，できるだけ具体的に細かく表現するということです。ちなみに，この 6-1 の欄，小さいですよね。この小さな欄に，具体的に細かく書くということは，扱う問題の規模も小さいものにしましょう，ということになります。この欄に記入できる程度の規模の問題を取り出してもらうのです。これは問題の規模の問題であって，重要性とか軽重の問題ではありません。小さいから価値や重要性が低い，ということではなく，重要な問題であっても，扱う問題の規模は小さくしましょう，ということです。認知行動療法ではスモールステップを非常に大事にしますが，それと同じで，問題解決法で扱う個別の問題も，できるだけ「スモール」にしましょう，ということなんです。

　その規模の小さな問題を，できるだけ具体的に細かく表現するということについて。私たちは共感力が普通に備わっているので，人が「これが問題だ」と言うと，「そうなんだ〜」「それは問題だよね〜」とあっさり理解してしまえるのですが，そこをあっさり理解したことにせず，「それの何が問題なのか？」という問いを立てます。それで出てきた回答にも，あっさり共感せず，さらに「それの何が問題なのか？」という問いを繰り返し問うていきます。簡単にわかったことにしない。

　例を挙げましょう。「最近，太っちゃって，それが問題なんだよね」と言われると，ついあっさりと「そうなんだ。太っちゃったら，困るよね〜」と受け止めたくなりますが，そもそも「最近太った」という表現は，具体的ではありません。だからまずは「最近っていつ？」「太ったって，具体的には何キロ？」と問います。そこで「この 1 カ月で体重が 3 キロ増えちゃった」という具体的な回答が返

ってきたら，どうでしょうか。「1カ月で3キロとは，なかなか急だな。急激に3キロも増えたら身体も重いだろうな」などと受け止めたくなるのではないでしょうか。そこをぐっとこらえて，先ほどの質問を繰り出すのです。「それの何が問題なのか？」

　ここで，回答がさまざまに枝分かれするはずです。たとえば，1カ月で体重が3キロ増えて，服がきつくなってしまった，着られる服がなくなってしまった，ということかもしれません。この場合，一見体重の問題だったけれども，実は服の問題だった，ということになりますね。あるいは健康上の問題で，主治医に体重を増やさないように指導されていたのに，増えてしまった，ということかもしれません。この場合，健康上の問題ということになるでしょうか。そしてこの時点で，私たちは満足してはいけません。「だって服がないなら，買えばいいじゃん」という発想が成り立つからです。なので「着られる服がなくなってしまった」と言われたところで，「そりゃ，困るよね〜」と受け入れるのではなく，ここでさらに「それの何が問題なのか？」と問うべきなのです。すると，人によっては「服を買うお金がない」というお金の問題にたどり着くかもしれません。あるいは「服を買いに行く時間がない」という場合もあるかもしれません。はたまた「来週，パーティがあって，お気に入りのドレスをどうしても着たいのに，着られなくて悔しい」ということなのかもしれません。「それの何が問題なのか？」と問わなければ，そういう事情はわかりません。主治医の指導の件だって，純粋に健康上の理由ではない可能性があります。「次回，受診したときに体重が増えたことを主治医に指摘されるのが怖い」ということが実は問題だったりする場合もあります。

　このように，最初に設定された問題の表現に満足せず，「それの何が問題なのか？」と繰り返し問うことによって，その人にとってそれこそそれの何が問題なのかということを，具体的に，細かく理解することができます。当事者自身も，そう問われることによって，問題に対してさらに具体的に理解できるようになります。「ああ，自分にとって，実はそれが問題だったのか！」というように。ですから皆さんがセラピーやカウンセリングで問題解決法を行う場合は，このツール6-1の作業では，クライアントに「それの何が問題なのでしょうか？　あなたが抱える問題をできる限り具体的に理解したいので，教えてください」と問うようにしてください。そして皆さんがご自身のために問題解決法を行う際は，この

ツール 6-1 に記入するとき，ご自身に「それの何が問題なのか？」と繰り返し問うようにしてください。自分の問題って自分の問題なので（トートロジー！），どうしてもアバウトな理解になりやすいんですよね。そこをあえて「それの何が問題なんだっけ？」と自問自答して，さらに問題の描写を具体的にしていくわけです。

ツール 6-2

次に 2 番目。ツール 6 でいうと「2」の欄。「『問題解決に向けた適応的な認知』を習得する」。ここには，次の 7 つの文言が書かれてあります。

①生きていれば，何らかの問題は生じるものだ。問題があること自体を受け入れよう。
②原因を一つに決めつけず，さまざまな要因を見つけてみよう。
③問題を「悩む」のではなく，「何らかの解決を試みるべき状況」ととらえてみよう。
④大きな問題は小分けにしてみよう。小さな問題に分解して，突破口を見つけよう。
⑤「解決できるか」ではなく，「対処できそうなこと」「できないこと」を見極めよう。
⑥できることから手をつけよう。「実験」としてチャレンジしてみよう。
⑦どんなことを自分に言うと，良いだろうか？　下欄に記入してみよう。

これらの 7 つは，言い換えると次のようになります。

①問題を受け入れて，受容する。前向きにあきらめる。
②原因帰属を分散させる。
③「どうしよう！」ではなく「どうしようかな？」と考える。
④大きな問題は，できる限り小分けにする。
⑤「できること」と「できないこと」を見極める。
⑥「できること」から，実験として手をつけてみる。
⑦自分でも「適応的な認知」を考えてみよう！

これらは，問題解決を適応的・機能的な方法に促してくれる認知です。各文言については，後ほど具体的に詳しく紹介するので，ここではざっくりと解説するに留めます。それぞれの文言について，おおまかなイメージを持っていただければ十分です。

①生きていれば，何らかの問題は生じるものだ。問題があること自体を受け入れよう。
　→問題を受容する，受け入れる。前向きにあきらめる。

これは，「現に問題がある」ということを受容する，受け入れるという認知です。別の言い方をすれば「しょうがないんじゃん。もうすでに目の前に問題があるのだから」とあきらめる。あきらめると言っても，しょんぼりするのではなく，あくまでも前向きにあきらめるのです。アクセプタンス＆コミットメント・セラピー（ACT）のアクセプタンスに該当しますね。

　②原因を一つに決めつけず，さまざまな要因を見つけてみよう。
　　→原因帰属を分散させる。

　2番目は原因帰属に関する認知です。因果関係に基づき原因を一つに決めつけるのではなく，「原因」というよりむしろ「要因（ファクター）」と考えて，多くの要因を探してみよう，という考え方です。一つの原因を決めつけると（「全部私が悪い」「あいつのせいだ」「世の中が○○だからだ」），そこで行き詰ってしまうことが多いのですが，そうではなく，あれやこれやと要因を分散させて考えると突破口が見つかりやすい。

　③問題を「悩む」のではなく，「何らかの解決を試みるべき状況」ととらえてみよう。
　　→「どうしよう！」ではなく「どうしようかな？」と考える。

　3番目は，「どうしよう！」と悩み続けるのではなく，「どうしよう」に「かな？」を付け足して「どうしようかな？」と思ってみると，「こうしてみようかな？」「ああしてみようかな？」と解決の方向に考えが向いていく，ということを示した認知です。

　④大きな問題は小分けにしてみよう。小さな問題に分解して，突破口を見つけよう。
　　→大きな問題は，できる限り小分けにする

　4番目のこれはもう認知行動療法の哲学のようなものですね。「小分け」「スモールステップ」という認知行動療法を貫く哲学を，問題解決法でも使ってみよう，という認知です。もともとでっかい問題であっても，小分けにすれば，ちっちゃい問題たちに分解されて，「この問題なら手をつけられる」と突破口がみつかるわけです。

⑤「解決できるか」ではなく,「対処できそうなこと」「できないこと」を見極めよう。
　　→「できること」と「できないこと」を見極める。

　5番目も小分けに関する認知で,大きな問題のまま,その問題を眺めて,「解決できるかできないか」という白黒思考でとらえるのではなく,小分けにしたうえで,「この問題には対処できるかも」「この問題はちょっと難しいかな」と個別に判断しよう,というものです。

⑥できることから手をつけよう。「実験」としてチャレンジしてみよう。
　　→「できること」から,実験として手をつけてみる。

　6番目の認知のキーワードは「実験」です。5番目の認知で「できること」「できないこと」を細かく判断したら,「できないこと」はなにしろ解決できないのだから置いておいて,「できること」に目を向け,さらに「絶対にできなければならない」と妙な気合を入れるのではなく,「とりあえず,実験してみよう」というような軽い気持ちで試してみて,結果を検証してみよう,という認知です。

⑦どんなことを自分に言うと,良いだろうか?　下欄に記入してみよう。
　　→自分でも「適応的な認知」を考えてみよう!

　7番目は「自分でも適応的な認知を出してみよう」という認知です。これまでの6つの認知は,いわば「お仕着せ」です。お仕着せでも,気に入った認知は自分の認知として取り入れればよいでしょうが,せっかくなので,問題解決法をよい方向に持っていくために,自分でも何か文言を考えてみよう,というものです。プチ認知再構成法のようなものですね。

ツール6-3
　次は3番目。ツール6でいうと「3」の欄。「目標イメージを具体的に作成する」。ツール6-2で問題解決に向けて適応的な方向で認知を整えたうえで,ツール6-1で設定した問題に対する目標イメージを作ります。ここでは野望のような目標は想定しません。ツール6-1で設定した具体的な問題が,「少しだけ」「ちょっとだけ」よくなったら,それはどういうことなのか,それに向けて自分は何が

できるのか，ということをここでイメージします。「イメージ」というのが重要です。「それをする自分がイメージできるか？」という問いを立て，イメージできるまで目標を細分化したり具体化したりします。人はイメージできることであれば実行できるし，逆に，それをする自分がイメージできないことは実行できないからです。そしてもし，このツール6-3で超具体的で即実行可能な目標が立てられたら，そのまま行動実験に進んでも構いません。一方で，さらに具体化が必要だったり可能だったりする場合は，次のツール6-4に進みます。これについては後ほど具体例を紹介します。

ツール6-4

4番目。ツール6でいうと「4」の欄。「目標イメージを達成するための，具体的な手段を数多く案出し，効果と実行可能性を評定する」。ツール6-3で設定した目標イメージを確実に達成するための具体的な手段を，まずはブレインストーミング的に出していきます。あるいは目標イメージをさらに小分けして，達成しやすい形にしていきます。スペースの関係でツール6-4には7つの欄しか設けてありませんが，必要であれば白紙やホワイトボードを使ってもっと多くのアイデアを出してみてもよいでしょう。さらにそれらの手段やアイデアについて，「効果」と「実行可能性」を0パーセントから100パーセントまでの数字を使ってそれぞれ評価します。

ツール6-5

5番目。ツール6でいうと「5」の欄。「実行計画（行動実験のためのシナリオ）を立てる」。ツール6-3の「目標イメージ」を達成するために，その目標イメージと，ツール6-4で案出し，高い評価がついた「具体的な手段」を組み合わせて，実際に実行するシナリオ（実行計画）をここに外在化します。このシナリオはめちゃくちゃ具体的でなければならず，5W1Hがきっちりと書き込まれている必要があります。そしてシナリオを実行する際に妨げになりそうなことがあれば，それも予測し，それをどう防いだり乗り越えたりするのかについても具体的に書いておきます。要は，このツール6-5を見ただけで，何をすればよいのかが全て具体的にわかるようにしておくわけです。ただし，さきほど申し上げた通り，ツール6-3の目標イメージの段階で，そのイメージがめちゃくちゃ具体化されている場合は，それをシナリオとみなします。

ツール 6 を作成した後で

　ここでツール 6 自体は完成しましたが，問題解決法の場合，ツール 6 を作って満足して終わりにするのでは，絶対にいけません！　計画は実行されるためにあるのですから。ツール 6-5，ないしはツール 6-3 で作成されたシナリオを，実際の現場で「行動実験」として実行に移すことが不可欠です。セッションのなかで作ったツール 6 であれば，行動実験はホームワークの課題になります。クライアントの実生活のなかで行動実験をしてもらい，「やってみてどうだったか」ということを，次のセッションで報告してもらいます。そこまでできて，はじめて「問題解決法を一通り終えた」ことになります。

　ここでもう一つ重要なのは，実験の目的は「良い結果を出すことではない」ということです。実験においてまず重要なのは，結果の良し悪しではなく，「何でもよいから結果を出してみて，仮説を検証すること」です。つまりツール 6-3 や 6-5 で計画した解決策のイメージや手段を，実際に試して結果を出して，「やってみてどうだったか」というふうに結果についてあれこれ検証することが，とりもなおさず重要です。行動実験をするとなると，どうしても私たちもクライアントも，「良い結果を出したい」という色気を出したり，あるいは「悪い結果になったら嫌だなあ」「変な結果が出たらどうしよう」と不安になったりするものです。しかし，悪い結果であれ，変な結果であれ，「試したら，そういう結果になるということがわかった」ということが重要であり，それは実験しなければ絶対にわからなかったことです。ですからクライアントに対しても，「良い結果を出すことではなく，良し悪しに関わらず何らかの結果を出して，検証することが大事なんだ」「だからどんな結果が出てきてもウェルカムなんだ」ということを，心理教育としてしっかりと伝える必要があります。どんな結果が出てきても，クライアントがクライアント自身の生活のなかで，行動実験をして，その結果を次のセッションに持ってきてくれること自体に大きな価値があります。セラピストである私は，クライアントの代わりに行動実験をすることは絶対にできません。すなわち，この世界にその計画を行動実験するフィールドを持っているのは，クライアントただ一人です。「あなただけが世界で唯一，実験をして結果を出せる人なのよ！」と「オンリーワン」を強調して，励ますのです。

　ここまでがツール 6 を使った問題解決法の一連の流れについての解説でした。後ほど，具体的な事例を用いて，さらに詳しく解説します。

§4 どのようなケースに問題解決法を導入するか？

■適用するケース

　技法の適用について解説します。すなわち，どのようなケースに問題解決法を導入するとよいか，ということです。

　まず挙げられるのは，回避傾向の強いクライアントに対してエクスポージャー的に用いる，ということです。自分にとって必要な行動を回避して，活動性の低い生活を送っている人たちです。このような人が頻繁に口にするのが「やる気が出ない」という言葉です。「やる気が出ないから……できない」と言って，行動を回避し，横になってゴロゴロし続けるのです。心理学的にいえば，そして特に認知行動療法的な視点からは，やる気というのは勝手に出たりひっこんだりする「気分・感情」の一種で，それを口実に行動をしたりしなかったりするのは理に適っておらず，むしろ行動をすることで結果的にやる気というのは出てくるものだ，ということになるので，「やる気が出ないからやらない」ということ自体が非機能的です。やる気の有無を口実にすること自体に意味がないんです。しかしこういったクライアントはやる気の有無に強固にこだわり，無為な生活を続けてしまっています。

　診断的には，たとえば気分変調症。軽度のうつがずるずると年単位で続いているケース。あとは社交不安症で，全般的に対人関係を回避してしまっているケース。他に回避性パーソナリティ障害や依存性パーソナリティ障害。これらのクライアントは，自らのために主体的に行動するということがなかなかできません。そういった方々にとって，もちろんケースフォーミュレーションを経たうえで，「このままではいけない」「回避ばかりの生活はもう嫌だ」「活動できるようになり

たい」「人と関われるようになりたい」とご本人が望むようになれば，という前提が必要ですが，この問題解決法は非常に効果的です。問題解決法を何度も実践してもらうなかで，驚くほど変わっていきます。

■40代の男性クライアント

　ひとつ事例をご紹介します。ただし個人情報保護の観点から，架空の事例としてお話します。40代の男性クライアントですが，彼の回避ぶりは筋金入りでした。気分変調症の診断で，車の運転は好きなので，運転をするための外出はときどきしていましたが，それ以外はほぼひきこもり状態。親の勧めで何とか精神科クリニックに通院するようになり，服薬するようになりましたが効果ははかばかしくなく，主治医には運動やアルバイトなど行動活性化を促されますが，「気力がない」「やる気が出ない」の一点張りで，ひきこもり状態は全く改善しませんでした。ただ，彼もその状態を「よし」と思っているわけではなく，「もうちょっと活動できるようになりたい」「アルバイトぐらいできるようになりたい」とは一方で思っていました。本人もやる気が出なくて困っていたのです。だからこそ医師は行動活性化を勧めるのですが，そうなると本人は「そうしたいのだが気力がないからできない」「動いた方がいいとはわかっているのだが，やる気が出ないのでできない」との理由をつけて動けない，というか動かない，という状況が長らく続いていました。

　業を煮やした主治医は，そこで認知行動療法を勧めました。「洗足ストレスコーピング・サポートオフィスという認知行動療法の専門機関があるから，そこに行って専門的なカウンセリングを受けるといいよ」というように。しかし彼が当機関に実際に訪れるには，それから3年かかりました。3年間，主治医は言い続けたんです。「洗足にカウンセリングを受けに行くといいよ」と。そして3年間，彼は「うーん，受けに行ってもいいけど，やる気が……」などとのらりくらりとかわし続けたんです。3年経っても事態は何も変わらず，主治医にはカウンセリングを勧められ続けるし，ご自身でも「これは何とかしないとまずいな」と考えたとのことで，とうとう当機関にインテーク面接を受けにいらっしゃり，私伊藤が担当セラピストとして，認知行動療法が開始されました。

　主訴はずばり「やる気が出なくて活動できない」です。ホームワークで活動記

録表を書いてきてもらい，セッションではそれを共有しつつ，主訴にまつわるエピソードをアセスメントしたところ，典型的な回避のパターンが見出されました。もう朝起きた瞬間から回避的な自動思考がわんさか浮かんで，やるべきことややりたいことを全部後回しにして，スマホを見ながらタバコを吸い続ける，といった感じです。そこで昼食後に用事を済ませることにして，実際に昼食を食べると，「やる気が出ないなあ」といった自動思考と共に，コーヒー飲んでタバコ吸って，そのままソファで昼寝，といった具合です。そんな感じで一日だらだらと過ごし，夕食後にちょっと元気が出てきて海外ドラマを見始めて，夜更かしして夜中に就寝，という毎日が繰り返されていました。こんなふうに回避と先延ばしにまみれた生活を送っておられました。

　それが活動記録表やアセスメントシートを通じて外在化され，本人も「この生活を続けるのはまずいし，本意ではない。変えたい。もっと行動できるようになりたい」と言いつつ，「でもやっぱりやる気が出ないから，できそうもない」と葛藤していました。私からは「もし，あなたがこの生活を変えるためにカウンセリングで何かに取り組みたい，ということであれば」ということで，行動活性化やそれに向けた問題解決法を提案しました。クライアントも頭では私の提案を理解しました。しかし！　「問題解決法をやりたいけれども，どうしてもやる気が出ない」と「やる気」のせいにして，とりかかろうとしません。認知行動療法の技法は全て，本人がとりかからなければ，進めることができません。私がむりやりやらせることはもちろんできませんし，私が代わりにやってあげることもできません。

　そして，こういうときに，セラピストが頑張って背中を押そうとすると，かえってクライアントって引いちゃうんですよね。確かにこの人には強固な回避のパターンがありますが，回避って別に犯罪でもないし，回避によって誰かを著しく傷つけているわけでもありませんし。だから認知行動療法のケースフォーミュレーションでは，回避が問題であるということにはなりましたが，本人がそれを変えたい，乗り越えたい，そのために自分が何かしようと思って，アクションを起こさない限り，どうにもならないんです。言い換えれば，本人がアクションを起こさないと決めたのであれば，それも一つの選択です。なのでセラピストとしては，「あなたが問題解決法に取り組んで行動活性化を目指すのであれば，もちろん全力で応援するけど，そうでないということであれば，その意思を尊重します」

と言うしかないのです。

　そういうやりとりをしばらく続けました。もちろん一方で，心理教育はしましたよ。「やる気というのは出すものでもなく，やる気があるから行動できるというものでもなく，行動すると後からやる気はついてくるものなんだ」ということを。そして「やる気がない」というのは，実際にやる気の有無を示しているわけではなく，行動を妨害する自動思考なんだ，ということも。そういうことも彼は頭ではしっかりと理解はしていました。しかし「うーん，わかっているんだけど，やる気がなくて，でもでもでもー」ということになってしまうわけです。かと言って，認知行動療法をやめたいわけでもないんですよね。なのでセッションには定期的に通いつつ，モニターしたことを共有し，回避のパターンが続いていることを共有し続けました。そして毎回，私が「どうする？　あなたが問題解決法に取り組むならサポートしますよ」と言い続けいました。おそらく彼とのセラピーが始まって，ここまでで1年は経ってしまったかと思います。

　するとある日，彼がこのように言い出しました。「これまでずっと，やる気スイッチが押されて，自然とやる気が出てくるのを待っていたけれども，一向にスイッチが押されることはないようだ。自分もずっとこのままでいいとは思っていない。となると，伊藤先生の言う『問題解決法』に取り組むしかないと思うようになった」と。「とうとうそう思ってくれるようになったか！」と喜んだのもつかの間（笑），彼はこうも言います。「でも，先生，もう少し待ってみたい。本当に待っているなかでやる気スイッチが入るかどうか，最後に確認してみたい」と。筋金入りの回避のパターンですね。でも一方で，これがもう問題解決法における「行動実験」と言えなくもないんです。「やる気スイッチが本当に押されるかどうか，待ってみて，検証する」という実験です。これは一歩前進です。ただ，「待つ」だけだと具体性に欠けるので，彼に言いました。「待つのはいいけど，いつまで待ちますか？　期間を設けましょう」。彼はしばらく考えて，こう言いました。「このセッションで言うと，3回分待ってもいいですか？」と。当時，月に1度の頻度でセッションをやっていたので，3回分とは正味3カ月という意味です。このような流れで，私たちは3回分のセッションを行う期間中，彼のやる気スイッチが自然と入るかどうかの検証に入りました。

　そして，1カ月後「スイッチは入りませんでした」，2カ月後「やはりスイッ

チは入りませんでした」，３カ月後「とうとうスイッチは入りませんでした」という結果になり，その時点で，私たちは問題解決法に本格的に取り組むことにしました。ここまで時間をかけて問題解決法に入る準備をしたことは私にとっても初めてだったので，とても印象に残っているのですが，やはりこれが彼のタイミングだったのだと思います。認知行動療法の技法は何であれ，セラピストがタイミングを決めて進めていくのではなく，主役であるクライアントのタイミングが重要だということがよくわかる事例です。セラピストのできることやるべきことは，そのタイミングを計る準備や設定をすることと，タイミングを見逃さないことだと私は思っています。

　こうしてようやく始まった問題解決法の最初のネタは「片付け」でした。片付けやお掃除は，問題解決法で選択されやすい人気のネタの一つです。彼は当初，「家中が散らかっているので，片づけたい」と大いなる野望を語ったのですが，家中の片づけってかなり規模が大きいので，「家じゃなくて，まずは自室にしよう」と問題の規模を小さくし，さらに「自室でも大きすぎるので，もっと小さくしよう」とのことで，最終的には，「ベッドの下のスペースを片付ける」という規模にまでブレイクダウンしました。彼のベッドには足がついていて，その足の高さの分スペースがあり，そこにさまざまなモノが突っ込まれていて，ぐちゃぐちゃになっていたのです。

　結局，数セッションかけてツール６を使って問題解決法を丁寧に行い，数年ぶり，いや10数年ぶりにベッドの下が片付いて，スペースができました。そのこと自体が彼を喜ばせ，問題解決法に対するモチベーションが爆上がりしました。そこで彼は問題解決法を使って，さらに自室の片づけを行い，午前中にスマホを見てだらだら過ごしてしまっていた時間を活動できるようにし……という具合に，行動活性化をしていきました。最終的にはアルバイトに行けるようになり，非常に生き生きと生活できるようになりました。その変容ぶりにもっとも喜んだのは主治医でした。その主治医の喜びぶりに彼もとっても嬉しくなってしまい，とにかく問題解決法を使いまくって主体的に行動する生活を維持できています。特に彼はツール6-2の認知リストを気に入って，それを切り取ってスマホのケースに入れて持ち歩き，日々目にしています。このように回避一辺倒だった彼の生活が非常に活性化されました。こんなふうに問題解決法によって生活ぶりや生き方が大きく変化するケースは実は珍しくありません。問題解決法はとてもパワフルな

技法なんです。

■ 回避傾向のある男性2

　もう一つ，めちゃめちゃ回避的だった人が問題解決法で変容したケースをご紹介しましょう。これはずいぶん前に出した本（『認知療法・認知行動療法事例検討ワークショップ（2）』星和書店，2009年）で紹介した事例で，本で紹介することも含めて事例を公開することを当のクライアントにご許可いただいたものです。40代の男性の方で，診断的には社交不安症，回避性パーソナリティ障害ということになるのでしょうが，とにかくこの方の回避傾向も強固なものでした。とても能力の高い方なのですが，対人恐怖があったり，対人関係に入っていけなかったり，対人関係でちょっとした刺激があると「拒絶された」と感じて回避してしまったり……という感じで，仕事に就いてもすぐに辞めてしまう。それで職を転々としていました。仕事が続かないこと自体にクライアントもものすごく悩んでいたので，「せっかく就いた仕事を，どのようにしてすぐに辞めることになるのか」ということを具体的なエピソードをもとにアセスメントをしました。するとことごとくそれらのエピソードが回避なんですよね。ちょっと不安になると行かない，行ったとしてもすぐに退出する，人と話さなくてはならない場面を避ける，会話に参加したとしても発言しない，といった具合です。それらに「回避」という言葉がついたことで，彼は衝撃を受けました。自分が今までやってきたことは全て回避だったんだ，と気づいたのです。回避をすることで仕事が続かない，回避をすることで対人関係に慣れることがちっともできない，回避をすることで思うような人生を歩むことができないことに彼は気がつき，「回避のパターンを克服して，人生を好転させたい」というモチベーションが爆上がりし，そこで問題解決法を導入したところ，彼はこれまで回避していた場面で，一つひとつ問題解決法で回避ではない方法で乗り越え，仕事を続け，対人関係を構築し，しまいには電車の中で知らない人に話しかけるといったこともできるようになり，短期間で非常に変化したということがありました。これだけ強固な回避のパターンがある人でも，問題解決法によってこんなに短期間で変わるんだ〜，と私にとっても非常に印象的なケースでした。回避にたいする問題解決法のパワーがよくわかる事例です。こんなふうに，回避傾向を持つ人にとって，問題解決法は有用です。

■ 回避傾向だけではなく……

　一方で，衝動的な行動を起こしやすいクライアント，すなわち何かを一気にやりすぎちゃうとか，よく考えないで急に動いちゃったり何かに飛びついちゃったりするとか，そういうクライアントにも問題解決法は有用です。クライアントに行動を起こす前に一歩立ち止まってもらって，「今，何が問題なんだろうか」「良い方向に向けて自分が動くにはどうしたらいいのか」といった問いを立てる。つまりいきなり行動を起こすのではなく，認知的なプランをちゃんと立てて，それに沿って動いてみる。そういうことが苦手な人っていますよね。極端なケースでは，いきなり暴言とか暴力に出てしまう。立ち止まって考える前に，言葉や手が出ちゃう，すなわち行動化してしまう人。そういう人に，問題解決法を通じて，まずはちょっと立ち止まってもらうのです。診断的には ADHD 的な人が該当するでしょうか。あとは自傷行為とかアディクション的な問題を抱えている人。そういう人にも，この問題解決法は非常に役立ちます。

　日常生活における現実場面において何らかの具体的な問題を抱えている場合にも，問題解決法はドンピシャで役立ちます。具体的な問題とは，たとえば，仕事や学業でのパフォーマンスの問題（プレゼンテーション，レポート作成など），対人コミュニケーションでの問題（アサーティブになれない，怒りの問題，他人に合わせてしまうなど），活動スケジュールの問題（生活リズム，先延ばしなど）といった問題です。具体的な問題であればあるほど，問題解決法をそのまま適用することで，それが機能的な行動を組み立てるトレーニングとなり，大きな成果を上げられます。

　それから，認知再構成法を行って新たな認知が再構成されても，それが行動変容につながりづらい，すなわち行動実験になかなか持ち込めないケースでも，問題解決法が役に立ちます。認知が変われば通常行動も変わるはずなのですが，せっかく変容した認知を行動変容につなげるのが苦手なクライアントがときどきおられます。そういった人は，どうやって行動を変えたらよいのか，どうやって新たな行動を組み立てたらよいのか，そこを考えて実行するのが苦手なようです。そこを問題解決法で補ってあげるとよいのです。またこういった人は，問題解決法を通じて行動変容のやり方を直接学ぶことができます。

それこそ認知行動療法では，その基本モデルに基づいて環境と個人の相互作用のあり様をアセスメントしつつも（主に悪循環が同定される），個人の認知と行動であれば工夫ができるよね，という視点から，つまり認知や行動を変容させることによって悪循環を解消していくわけですが，その行動のベクトルを環境に向ければ，それは環境の改善や環境調整につながっていきます。たとえば職場や家庭でハラスメントを受けているとか，ハラスメントまではいかなくても誰かとの関係が非常によくないとか，あるいは労働環境が非常に悪いとか，個人内要因ではなく個人外の環境に問題の要因があることは少なくありません。そういう場合，認知行動療法では，自分の内的な反応を調整するだけでなく，自らの行動を使って，環境へ働きかけることができわけです。要はおかしな環境に置かれているときは，その環境に甘んじて我慢するのではなく（もちろん我慢すると当事者が選択するのであれば，それも「あり」かもしれませんが），むしろ何らかの行動を起こして，おかしな環境を変えるなり，おかしな環境から離れるなり，誰かに助けてもらおうとするなりすることができるし，その際の手法として問題解決法が非常に役立ちます。

　認知再構成法と問題解決法は非常に汎用性の高い技法で，誰が身に付けても役に立つ一種のスキルですので，どういうケースに問題解決法を導入したらよいかという話を，今，延々としていますが，言ってしまえば「誰にとっても導入すれば何かいいことがあるよ！」ということになります。認知再構成法が自らの認知を効果的にマネジメントするスキルだとしたら，この問題解決法は，自らの行動を自分のために主体的にマネジメントするスキルだということになります。そうとらえれば問題解決法は，全ての人に役立つ技法であるし，誰にとっても身に付けておいて損はない技法であると考えられます。実際，私自身，この問題解決法にはずっと助けられていますしね。

　今回のコロナ禍においても問題解決法は役立っています。「コロナ禍」と一言で言ってしまえば大きな問題になってしまいますが，実際に生じているのは全て具体的な問題です。ワークショップをどうしようとか，オフィスの受付やカウンセリングルームの換気や消毒をどうしようとか，スタッフに感染者や濃厚接触者が出たらどうしようとか，通勤における安全の確保とか，マスクをどう確保しようとか，マスクで顔がかぶれちゃったときにどう対処しようとか，高齢の親とどう

安全に接触するかとか……，そういう具体的な問題として，一つひとつ問題解決法で対応していく感じです。

どのような場合に「問題解決法」を導入するとよいか？

・行動面での回避傾向が顕著なクライアントにエクスポージャー的に用いる。例：気分変調症，社交不安症，回避性パーソナリティ障害や依存性パーソナリティ障害など。
・衝動的な行動を起こしやすいクライアント。例：暴言や暴力の問題，注意欠如・多動症（ADHD），自傷行為，アディクションの問題など。
・日常生活における現実場面での問題（例：仕事や学業でのパフォーマンス，対人コミュニケーション，活動スケジュール）を抱えるクライアント。
・認知再構成法が，行動実験につながりづらいクライアント。
・クライアントを取り巻く環境（状況，対人関係）の改善が必要であると思われるケース。※クライアントが直接的・間接的に環境に働きかけたりサポートを得たりするために用いる。
・自らの行動を自分のために主体的にマネジメントするスキルとして，全ての人に役立つ技法でもある！　身に付けて損はない。

---

§5

ケースフォーミュレーションの流れから
問題解決法を導入してみる①

■ 技法の選択

　汎用性の高いスキルとしてとらえれば，ケースフォーミュレーションを経ないで，心理教育の一環として問題解決法を導入することは可能ですし，リワークやデイケアなどグループで認知行動療法を行う場合は，そういうふうに問題解決法を紹介していることが多いのでしょうが，とはいえ，心理療法のケースで問題解決法を導入する場合は，やはり丁寧なケースフォーミュレーションを経たうえで導入したほうが，絶対に技法の効果が高くなると思います。そこでケースフォーミュレーションという流れに沿ってどのようにこの問題解決法を導入するか，という視点からいくつかケースをご紹介していきます。

■ 事例：伊藤絵美さん

　まずは私の事例です。「原稿を締め切りまでに書けない問題」を私は抱えていました。先ほどご紹介したように，具体的なエピソードをアセスメントし，アセスメントしたものをまとめ，それに基づいて問題リストを作りました。それが以下のリストになります。

伊藤絵美さんの「問題リスト」（ツール2）

1．締切りのある原稿仕事に直面すると，それに対する拒否的思考が自動的に出てくることで，嫌な気分になり，身体にもネガティブな反応が生じてしまう。
2．上記1の結果，原稿仕事を回避し，他の逃避行動に走り，結果的に原稿仕事が全然進まない。
3．その結果，締切り直前まで原稿仕事が全く進まない。
4．"締切り直前＝締切りは過ぎていない"にも関わらず，終わったことにする思考が自

動的に生じ，自分を責め，ひどく落ち込んでしまう。
5．締切り直前に「終わったこと」にしてしまうため，原稿仕事を完全に放棄し，適切な対処行動を取ることができない。

　このリストには，伊藤絵美さんは締め切りのある原稿仕事に直面すると，自動的に「嫌だ～！」という思いが出てきて，原稿を書かずに別の行動に走る，それが続くと結局締め切り直前になってしまう，そこでもう「終わった」ということになって完全放棄しちゃう，ということが問題として書かれています。ケースフォーミュレーションでは次に，これらの問題をいったいどうすればいいんだ，という視点から目標リストを作ります。それを以下に示します。

伊藤絵美さんの「目標リスト」（ツール2）

1．原稿仕事を引き受けたらすぐに，書き上げるまでの計画を立て，外在化する。
2．その計画通りに原稿執筆の仕事を進める。
3．その際に生じる否定的な自動思考に早めに気づき，その思考を手放すか，計画通りに原稿を書く方向で思考を再構成するかできるようになる。
4．目標1～3が達成されれば「締切り直前」という羽目には陥らないはずだが，万が一何らかの事情でそういうことになった場合は，原稿を放棄せず，その場で最適な対処行動を取れるようになる。

　このリストにおける目標は，問題解決法における目標ではなく，認知行動療法の全体の流れにおいて設定された，すなわちケースフォーミュレーションの流れのなかで設定された目標です。ここで重要なのは，「ちょっと頑張れば達成できそうなこと」だけを目標にする，ということです。野望は目標にはなりません。私だって原稿仕事は，ずるずると先延ばししないで，とっとと書いてしまいたいんです。でもそれができなくて困っていました。私の野望は，原稿仕事が発生したら，とっとと執筆して編集者に送ってしまいたい，というものでしたが，それはあくまで「野望」で無理なんです。そんなことが簡単にできるのなら，そもそもこの件について困っていませんし。なので，野望としては「原稿仕事を引き受けたらすぐに原稿を書き上げてしまう」なのですが，野望は達成可能な目標にはならないので，「原稿仕事を引き受けたらすぐに，書き上げるまでの計画を立て，外在化する」という目標にしました。原稿を書くのではなく，書くための計画だったら，すぐに立てられるかもしれないし，その計画に沿って原稿を書けば，まあ締め切り前に書けるだろう，という思惑です。とても地味な目標ですが，「これだったら，今の私にも可能かもしれないし，そうなれるといいな」という思い

で，この目標を立てました。

　ただ，こうやって計画を立てて，計画に沿って原稿を書こうとしても，絶対に出てくるんです。「嫌だな〜」「面倒くさいな〜」「書きたくないな〜」「何か別のことをやりたいな〜」といった自動思考たちが，です。勝手に出てきてしまう自動思考を出ないようにすることはできないので，つまり自動思考が出てきてしまうのは仕方がないので，出ちゃったら早めに気づいて手放すか，原稿を書く方向に向けて再構成できればいいかな，と思って目標を立てました。

　さらに，これらの目標が達成されれば，「締め切り直前」という事態にはならないはずなのですが，万が一そうなってしまったときにも，完全放棄してビール飲んじゃう，ということではなく，もうちょっとマシな適応的行動が取れるといいよね，と思って最後の目標を立てました。

　次のリストは，各目標に対してどのような技法が提案されたのか，ということと，最終的にどのように技法が選択されたのか，ということを示したものです。

各目標に対する技法の設定と技法の選択

1．原稿仕事を引き受けたらすぐに，書き上げるまでの計画を立て，外在化する。
　　　　　　　　　　　　　　　　　　　　　　　　　　　　→→→問題解決法
2．その計画通りに原稿執筆の仕事を進める。　　　　　　　　→→→問題解決法
3．その際に生じる否定的な自動思考に早めに気づき，その思考を手放すか，計画通りに
　　原稿を書く方向で思考を再構成するかできるようになる。
　　　　　　　　　　　　　　　　　　　　→→→マインドフルネス／認知再構成法
4．目標1〜3が達成されれば「締切り直前」という羽目には陥らないはずだが，万が一
　　何らかの事情でそういうことになった場合は，原稿を放棄せず，その場で最適な対処行
　　動を取れるようになる。　　　　　　　　　　　　　　　　→→→問題解決法
※メインの技法　　　　　　　　　　　　　　　　　　　　　　→→→問題解決法
　サブの技法　　　　　　　　　　　　　→→→認知再構成法（含マインドフルネス）

　1番目の目標と2番目の目標は具体的な行動にフォーカスしたものなので，問題解決法が選択されました。3番目の目標は自動思考にフォーカスしたもので，「手放す」に着目すればマインドフルネス，「再構成」に着目すれば認知再構成法，ということになりました。4番目の目標は，やはり行動にフォーカスしていますので問題解決法ということになります。そして各目標に対する各技法を全体的に眺めると，メインの技法として自ずと選ばれるのは問題解決法になるでしょう。

問題解決法が目標1, 2, 4に対してしっかり機能すればかなりいい感じで主訴が解消されそうです。なので目標3に対して選択されたマインドフルネスや認知再構成法はサブの技法として, 脇役にまわってもらうことになりました。そしてこの後紹介するように, 問題解決法を通して, 私の「原稿が書けない問題」という主訴は解消されました。

■ 事例：中村貴子さん

　別の事例をご紹介します。去年までの問題解決法のワークショップで詳細に紹介していた事例ですが, リニューアル後はざっくりと紹介するに留めることにしました。これはDVD教材である『認知療法・認知行動療法面接の実際』（星和書店）に収録されているもので, 架空の事例ですが, 実際に問題解決法の様子をシナリオ無しで, ガチンコで撮影しました。クライアントは「中村貴子さん」と言いますが, 仮名で, 当時当機関に勤めていたスタッフに中村さんを演じてもらいました。以下に中村さんのプロフィールを紹介します。

中村貴子さんのプロフィール

・クライアント氏名：中村貴子さん。女性。20代後半。研究職（化粧品メーカーの化学系研究員）。独身。
・主訴：情緒不安定（落ち込みや不安）, 仕事が進まない。
・診断：適応障害（仕事の変化に伴う不安, 抑うつ症状）。
・経過：大学卒業後, 現職（化粧品メーカー研究職）に就く。

　X年4月に主任に昇格し, 同年10月, 所属部門において新製品の開発プロジェクトが立ち上がり, 上司とともにプロジェクトメンバーに抜擢され, 他部署との折衝といった業務が一気に増えた（クライアントは折衝事がもともと苦手）。その後, 不安や抑うつ症状が生じ, 仕事を溜め込むようになり, 職場不適応をおこしかけていたとき（X年11月）にCBTを開始した（『認知療法・認知行動療法面接の実際〈DVD版〉』（伊藤絵美, 星和書店, 2006年）で面接の様子をご覧いただけます）。

　中村さんは20代後半の女性のクライアントで, 会社員ですが, 最近になって情緒が不安定になり, 体調が悪化して, 仕事が思うように進められなくなり, 医療機関を受診して「適応障害」と診断され, 認知行動療法のカウンセリングにつながりました。これまでの経過としては, 理系の大学（化学専攻）を卒業し, 某

有名化粧品メーカーに就職して，ずっと研究員として開発に関わる仕事をしてきています。その会社において開発というのはいわば「花形」の仕事で，彼女も憧れて，なりたくてこの仕事に就きました。就職して数年はごく順調に働いており，この年の 4 月に主任に昇格しました。そして同じ年の 10 月に，新製品の開発プロジェクトのメンバーに上司と共に抜擢されました。中村さんの能力が認められているのがよくわかりますよね。

ところが，主任になったのと，プロジェクトメンバーになったことによって，彼女の苦手な業務が一気に増えてしまったのです。与えられた仕事をコツコツとこなすことは得意なのですが，たとえば折衝（ネゴシエーション）といった業務，すなわち他人が絡み，しかも「切った張った」的な仕事が彼女は苦手で，どうしてもそういった業務を後回しにしています。しかも「苦手だ」ということを上司に言えなくて，一人でため込んでしまう。そこでだんだんストレス反応が高まり，特に不安や抑うつといったメンタルヘルスの症状が出てくるようになって，また仕事が明らかに滞るようになって，「これはまずい」ということで医療につながり，さらに認知行動療法が開始されたという，そういう事例です。

中村さんとの認知行動療法では，まずオーソドックスに，苦手な仕事を後回しにして，不安や抑うつが生じ，仕事が滞っていく様子を，具体的なエピソードに基づき，アセスメントを行いました。次に，それらのエピソードを統合して，アセスメントのまとめを作りました。それを図 5-1 で紹介します。

これはさきほど紹介した『認知療法・認知行動療法面接の実際』という DVD 教材のためにガチンコで撮影したセッションで作成したもので，ちょっとごちゃごちゃして，わかりづらい面もあるのですが，ご了承ください。このアセスメントのまとめを見ていただくと，他部署との折衝という業務に対して，「苦手だ」「面倒くさい」「断られたらイヤだな」といった自動思考が生じ，憂うつ感や重たい気分が生じ，行動としては先延ばしやため込みが起きる。そのうち期限が近づいてくると，「まずい」「間に合わない」という自動思考が生じ，同時に上司に叱られる場面がイメージされる。そして憂うつ感や重たい気分がさらに強まり，そこにあせりや不安といった気分・感情が加わる。そしてこの方は仕事は放棄しないんです。なのでギリギリのタイミングで慌てて仕事をするか，場合によっては上司に泣きついて助けてもらうんです。上司は助けてくれるのですが，同時に叱責さ

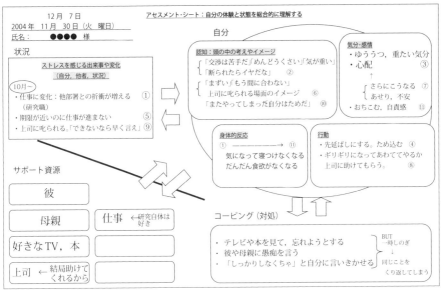

図 5-1　中村さんと作ったアセスメントのまとめ

れます。「できないなら，早く言えよ」と。そこで「またやってしまった」「自分はだめだ」といった自責的な自動思考や，落ち込みや自責感が生じます。身体反応としては，その間，睡眠と食欲がだんだん蝕まれます。すなわち寝つきが悪くなり，食欲が失せて食べられなくなってしまうのです。これが中村さんの「ドツボにハマるパターン」であることが共有されました。

　コーピングの欄を見ると，テレビや本を見たり，彼や母親に愚痴を言ったり，「しっかりしゃなくちゃ」と自分に言い聞かせたり，といったコーピングは使えているのですが，それらは「一時しのぎ」に過ぎず，同じことが繰り返されていることがわかります。一方，サポート資源の欄を見ると，「仕事」や「上司」が含まれています。そう，中村さんは，元来仕事が好きなんです。上司も助けてくれるサポーターなんです。彼女は仕事を辞めたいとか，この上司から離れたい，異動したいとは考えていませんでした。そうではなく，今の仕事，今の職場環境のなかで，自分のパフォーマンス自体を改善したいと望んでいたのです。彼女のそのような意向を汲みながら作成されたのが，図 5-2 に示す，いわゆる「ツール 2」というケースフォーミュレーションのためのシートです。

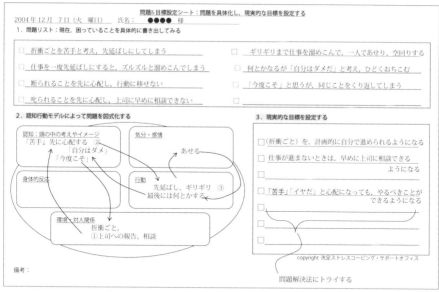

図 5-2　中村さんのケースフォーミュレーション

　ツール 2 については詳しい解説はしませんが，苦手な仕事を先延ばしすること
による悪循環が「問題」として表現され，それを「計画的に自分で進めること」
「早めに上司に相談すること」，つまり「やるべきことをやる」が「目標」となり
ました。どれも行動にフォーカスした目標ですね。そこでセラピストが技法とし
て問題解決法を提案し，中村さんもそれに同意したので，その後，問題解決法に
取り組むことになりました。

■ 事例：原田武夫さん

　別の事例をご紹介します。これも架空の事例ですが，実際の複数の事例が下敷
きになっています。私と中村さんの主訴が「先延ばし系」だとすると，この原田
武夫さんの事例は，「衝動系」ということになりましょうか。

　彼はいわゆる DV（ドメスティック・バイオレンス）を妻にとがめられており，
「DV を治さなければ離婚する，治したければ認知行動療法を受けてほしい」との
要請を受けて，当機関にいらっしゃいました。ですので主訴はそのまま，「妻と子
どもたちに対する暴言暴力」で，ちょうどそれに関するアセスメントを行ってい

状況
① 昨日午後6時。リビングにて。子どもの進路のことで妻と話をする。妻が「あなたは息子を思い通りにしようとしている」と言った。
⑤ 妻が嫌そうな顔をし，無言でその場を去る。
⑨ 妻が家を出る。

認知
②「何を，えらそーに！」「なんだこいつ！」
⑥「話を途中で打ち切るな！」「俺が何をしたったいうんだ？」「ざけんなよ！」
⑩「もう，なんなんだよー」「やってらんねえ！」

気分・感情
③ 怒り，イライラ，カックとなる
⑦ ③の気分感情がマックスに
⑪ ③の気分感情が振り切れる

身体反応
③ 顔がほてる
⑦ 頭に血が上る
⑪ 頭にさらに血が上る，息が荒い

行動
④「はあ？」と妻に言い返す
⑧「ざけんなよ！」と言いながら妻の後を追う
⑫ 壁をグーで思い切り殴る

サポート資源
・家族
・仕事
・認知行動療法

コーピング
・仕方がないので酒を飲む。
・後になって妻に謝る。もうそろそろヤバい。
・妻にCBTを受けるよう言い渡され，受けている

図 5-3 原田さんと作ったアセスメントのまとめ

た頃でした。原田さんは，「やらかしてしまいました」と言ってセッションに現れました。聞くと，前日の夜に家で暴れてしまったというんです。そこでそのほやほやの出来事をアセスメントしたのが図 5-3 です。

　リビングで妻と子どもの進路について話をしていたのだそうです。原田さん自身は自分が何を言ったのか覚えていないのですが，彼の発言に対して妻が「あなたは息子を思い通りにしようとしている」と言ったのだそうです。それを聞いた瞬間，原田さんの自動思考が反応します。「何を，えらそーに！」「なんだこいつ」といった感じです。そして気分・感情としては，怒りやイライラが出てきてカッとします。身体的には顔がほてって，行動としては，「はあ？」と妻に言い返します。もうかなり不穏な感じですね。妻は彼のこのような不穏な反応に付き合う気はないので，無言でその場を立ち去ります。それに対して彼の自動思考がさらに反応してしまいます。「話を途中で打ち切るな！」「俺が何をしたっていうんだよ！」「ざけんなよ！」といった感じです。怒りやイライラがマックスに達し，頭に血が上ります。トラブルを避けるためにせっかくその場を去ろうとした妻の後を，「ざけんなよ！」と言いながら追います。ますます不穏ですね。

妻はこのような彼を避けるために家を出てしまい，彼の怒りは宙に浮いてしまいました。おさまりのつかない彼は，結局家の壁をグーで思い切り殴ります。ここには書いてありませんが，穴が開きそうなぐらい壁に傷がつきました。それでも収まらない彼は，気持ちを落ち着かせるために酒を飲み始めました。そういう彼に対し，妻も息子たちも距離を置くしかありません。ある程度時間が経ってほとぼりが冷めると，彼は自分がやらかしたことを自覚して，妻に謝りますが，こんなことの繰り返しがほとほと嫌になったからこそ，妻は彼に認知行動療法を受けるように要請したのでしょう。そんなことがコーピングの欄に書いてありますね。そしてサポート資源の欄には，真っ先に「家族」と書いてあります。原田さんは本当は家族が好きで，家族は大切なサポート資源なのです。なのに，ちょっとしたきっかけでこういうふうになってしまうんです。彼も本当はそうしたくないのにこうなってしまう，妻と離婚したくないので自分の反応を改善したい，というように認知行動療法に対してモチベーションを持っていました。

いくつかのエピソードをアセスメントした後，ツール2を使って問題リストと目標リストを作って，ケースフォーミュレーションを行いました。それが図5-4です。

まず問題リストから見ていきましょう。原田さんは誰か（主に妻や息子など家族）と話していて，自分の気に入らないことを何か言われると，即座にカッとなり，それをそのまま言葉や態度として丸出ししてしまうんですね。そのときに，自分のその言動がどういう結果をもたらすか，吟味することせずに，衝動的にカッとなった反応を行動化してしまうわけです。その結果，相手とのコミュニケーションが不穏になるのですが，そこで自らの態度を修正することができず，さらに暴力的な態度を衝動的に取って，相手を怖がらせてしまいます。そこで相手は逃げるために，彼の目の前から去ってしまいます。すると怒りのやり場がなくなった原田さんは，その怒りを，壁を殴るなどして，人ではなく家にぶつけます。これも衝動的な行動です。最終的に，家が破壊されたのを見た家族との関係はさらに悪化します。

次に目標リストを見てみましょう。重要なのはモニタリングによる気づきです。相手の言葉にネガティブに反応してしまっている自分を，即座に行動化するのではなく，そういう自分の反応にその場で気づけるようになることが，第1の目標

問題リスト
① 人（主に妻、息子）と話していて，自分の気に入らないことを言われると，即座にカッとなり，それをそのまま態度や言葉に出してしまう（そのときはそれがまずいことだと気づけない）。
② ①の結果，相手とのコミュニケーションが不穏になるが，自らの態度を修復しようとするどころか，さらに暴力的な態度となって相手を怖がらせてしまう。
③ ②の結果，相手が目の前から立ち去ると，怒りの持っていき場がなくなってしまい，壁を殴るなどして，家を破壊してしまう。家族関係が悪化する。

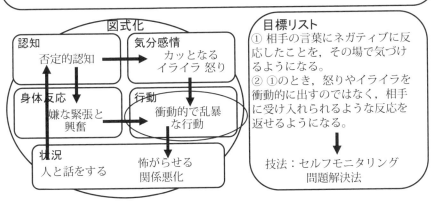

図式化

認知
否定的認知

気分感情
カッとなる
イライラ　怒り

身体反応
嫌な緊張と
興奮

行動
衝動的で乱暴
な行動

状況
人と話をする

怖がらせる
関係悪化

目標リスト
① 相手の言葉にネガティブに反応したことを，その場で気づけるようになる。
② ①のとき，怒りやイライラを衝動的に出すのではなく，相手に受け入れられるような反応を返せるようになる。

技法：セルフモニタリング
　　　問題解決法

図 5-4　原田さんのケースフォーミュレーション

です。そのうえで，怒りやイライラといった反応を衝動的に行動化するのではなく，相手を怖がらせない，相手が受け入れられるような反応として返せるようになることを目指します。それが第2の目標です。

　これらの目標を達成するための技法として，もうすでに取り組んではいるのですが十分ではない「セルフモニタリング」を強化することと，特に第2の目標については「問題解決法」を導入することになりました。

　3つの事例を通じて，アセスメントやケースフォーミュレーションを経たうえで，問題解決法という技法が選択される流れをご紹介しました。認知行動療法におけるこのような流れ自体がまさしく問題解決的であることをご理解いただけたでしょうか。

§6

ケースフォーミュレーションの流れから
問題解決法を導入してみる②

問題解決法の具体的な手順：ツール 6-1，6-2

それではツール 6 の各手順について，より具体的にそのやり方について紹介していきます。ツール 6 を手元に置きながら，以下をお読みください。

■ ツール 6-1：具体的な問題場面を同定する

ツール 6-1 で行うのは，具体的な問題場面を同定する，ということでしたね。抱えている問題を，極力規模の小さな具体的な問題として表現することが重要です。「それの何が問題なのか？」と問いかけながら，問題を具体化することについてはすでに述べました。

それでは以下に具体例を挙げます。まず紹介するのは，ある人が今まさに抱えている問題です。「エビチリ問題」と名付けました。以下の文言がツール 6-1 に記載されています。

エビチリ問題
　現在，土曜日の午後 8 時。明日の昼間，友人宅で持ち寄りのホームパーティを開く予定。明日のテーマは「中華料理」で，私は「海老のチリソース」を担当することになっている。しかし私は，エビチリは食べたことはあるが作ったことなど一度もない。そもそも料理は得意でない。自宅には海老どころか調味料もない。料理本もない。友人たちには久しぶりに会いたいが，エビチリのことを思うと，頭を抱えたくなる。気が重い。「なぜ『じゃあ，自分はエビチリ！』などと調子の良いことを言ってしまったのだろう」と自分を責めてしまう。たぶん酔っ払って調子に乗ってしまったのだろう。酔うと調子に乗って安請け合いしてしまうのだ，私は。それにしてもこの「エビチリ」問題，どうしたらよいのだろうか？途方に暮れるばかりだ。

どうでしょうか。かなり具体的に書かれているのがおわかりになるかと思います。全く知らない人だけれども、その人が、今、何に困っているのかが、手に取るようにわかりますね。

　それでは、私自身の原稿問題に問題解決法を適用し、それがどのようにツール6-1に具体的な問題として表現されたか、ということを以下に紹介します。

伊藤絵美さんの原稿問題
　8月25日。雑誌『●●●』からオファーのあった書評を書かなければならない。2,000字。締め切りは9月末。書評の対象となる本はまだ読んでいない。例によって「（読むのも書くのも）めんどくさい」「やりたくない」「原稿仕事は嫌いだ」などと、否定的な自動思考が次々とわいてきてまだ全く手をつけていない。この日、たまたまカウンセリングのキャンセルが入り、1時間の自由時間が手に入った。オフィスで当該の本を手に取り、PCを立ち上げるが、読むのが面倒で、ついついネットサーフィンをしてしまう。このままだとせっかくの自由時間が無駄になりそうだし、原稿仕事が後回しになり、いつもの「締め切り直前」のストレス地獄に入りそうだし、そういうふうにしてしまう自分が嫌になってくる。

　このように問題解決法を行う際は、「原稿が書けない」という漠然とした状況ではなく、具体的にどのような原稿仕事が目の前にあって、それに対して実際に今現在、どのようになってしまっているのか、そしてそれの何が問題なのかを、極力具体的に表現していきます。

　次に中村貴子さんの仕事を先延ばしする問題についてのツール6-1です。

中村貴子さんの書類作成回避問題（※12/14に記入）
・申請書を他部署に持っていかなくてはいけない（12/24）。
・断られたらイヤだと思って書類が書けない（一度すでに断られているから）。
・書けないことによって、ツール1の悪循環にはまっている。
・愚痴を言ったりTVを見ても落ちこんだ気分が変わらない。

　これは別のツール（ツール1：図5-1）に関連付けたりして、多少かいつまん

だ記載になっているので，ちょっと解説が必要ですね。彼女が属する新製品の開発プロジェクトでこういうものを作っていこう，そのためにはこういう材料を調達しないといけない，という話になり，そのための申請書を中村さんとその上司が作成して，調達を担当する部署に持っていかないといけない，という業務がありました。中村さんと私がツール 6-1 を作成したのは 12 月 14 日の夜のセッションだったのですが，申請書を提出する締め切りはその 10 日後の 12 月 24 日とのことでした。ただ，この申請はすでに一度していて，そのときは断られているんですね。申請書を出したにも関わらず，調達の部署に「その材料は調達できない」と断られているんです。もともと交渉とか断る・断られるという関わりが苦手な中村さんです。なので，再申請するための申請書を書く際に，「また断られるのではないか」「断られたらイヤだ」という自動思考が浮かび，なかなか書類作成に取りかかれないんです。プロジェクトとしては，新製品のためには，どうしてもその材料が欲しい，だから再申請するしかない，よって中村さんが申請書を再度作成しないといけないのですが，どうしても回避してしまう。そうやってやり過ごしているうちに，時間ばかりが経って，期限が近づいてくる。そうすると，すでにお示ししたツール 1 のように，憂うつや落ち込みや不安やあせりといったネガティブな気分・感情が強くなり，睡眠や食事がうまくとれなくなり，「どうしよう，どうしよう」となる，というように，要は悪循環に陥ってしまっているんですね。そしてこれもツール 1 にも書いてありますが，愚痴を言うとかテレビを見るといったコーピングはするのですが，それはその場しのぎであって，気分は変わらないし，ましてや仕事の状況も変わりはしない，というのが現状です。そのことを端的にツール 6-1 に記載しました。

では，次に原田さんの「怒り丸出し問題」です。以下の文言がツール 6-1 に記載されました。非常に具体的で，わかりやすいですね。また，ツール 6-1 を原田さんと一緒に作成するなかで，彼がもっとも恐れているのは，家族に見捨てられてしまうことだということが明確になりました。だからこそ，原田さんはこの問題をどうにかしたいのです。

原田武夫さんの怒り丸出し問題
昨日（11 月 11 日（水））午後 6 時。リビングでお茶を飲みながら，妻と息子の進路（大学進学）の件について何の気なしに話していたら，妻がいきなり「あなたは息子を思い通りにしようとしている」と言い出した（自分が何を言ったの

か記憶にない)。妻に対して「えらそーに！」などといった自動思考が生じ、カッとして「はあ？」という、いただけない反応を思わず返すと、妻が嫌そうな顔をして部屋を出ていったので、「ざけんなよ」と言って後を追ってしまうというさらにいただけない行動を取り、妻を怖がらせてしまった。妻が家を出た後、怒りの収まらない私は、グーで壁を殴ったが、手は痛いし、壁は壊れるし、それを見た妻や息子はもっと私を怖がるし、何もいいことはない。本当は家族で仲良くしたいのに、「仲良く」からさらに遠ざかってしまう。自分の態度や言動が衝動的で、全く制御できていないことが問題だし、自分の意に沿わない妻の反応にいちいち反発する自分は小さすぎると思う。このままだと私は家族に見捨てられてしまう。恐怖。

　以上がツール 6-1 についての具体的な解説と事例の紹介でした。ぜひ皆さんもツール 6 を手に取って、今抱えている問題を取り出して、それを極力具体的に、「それの何が問題なのか？」と問いながら、ツール 6-1 に書き出してみてください。

■ ツール 6-2：「問題解決を促進する認知」を取り入れる

　次に進みます。ツール 6-2 は認知に焦点を当てます。ここはものすごく大事なところです。問題解決を促進する認知、問題解決に向けた適応的な認知を、ここでクライアントに紹介し、習得してもらいます。

　ここではまず「問題解決に向けた適応的な認知」とは何か、ということについて、しっかりと心理教育を行います。すなわち、この認知の理論的背景には、ラザルス Lazarus, R. やフォルクマン Folkman, S. による心理学的ストレス研究があること、ストレス研究において、同じストレッサーに対してそれをうまく乗り越えていける人といけない人がおり、その違いは何だろうと調査したところ、ストレス対処における認知に違いがあることがわかったこと、すなわちストレスマネジメントの上手い人とそうではない人の認知が異なること、ストレスマネジメントが上手であるというのは、言い換えれば日常的な問題解決が上手である、とみなすことができること、そこでこの問題解決法ではストレス対処＝問題解決が上手な人の認知を抽出しそれをお手本にしてみましょうということで、それらの認知をリストにしてみたこと、したがってそれらの認知はある種の規範であるが、

せっかくそういう研究があるのだから参考にするとよいこと……，といったことをクライアントにお伝えします。すると皆さん，「へえ，そんな研究があるんだ」というふうに興味を示してくれます。

　このような心理教育をするうえで，私が気をつけているのは，セラピスト側のスタンスです。認知再構成法が自分にマッチした適応的な認知を一から生み出す技法だとすると，この問題解決法で扱う認知は「こう考えてみるといいよ」という規範なんですね。自分で生み出すのではなく，お手本，モデルなんです。言ってしまえば「お仕着せ」なんですよね。うまくいっている人の認知を「ちょっと借りてみよう」というスタンスです。ここでセラピストが「こう考えてみましょう」と上から導く感じだと，クライアントに反発される可能性があります。そうではなく，「問題解決がうまい人って，こういうふうに考えているらしいですよ。せっかくだから，私たち凡人は，うまい人の考え方を借りてみて，ちょっと参考にしてみませんか」とお誘いするのです。こういうお誘いだと，さっきも申しましたが，クライアントも「ん？　それは何だろう？　ちょっと面白そう」という感じで，興味を持ってくれます。

　この後，個別の認知について解説しますが，それと全く同じようにクライアントにも解説しています。かなり詳しく，具体的に説明しますので，クライアントには「もしよければ，メモを取って下さい」と言って，ツール6に書き込んでもらいます。メモが苦手なクライアントには，スマホに録音してもらってもいいでしょう。ただ，その際，「これはあくまでもお仕着せです。なので，それぞれの認知を100パーセント信じてくれなくてもいいですよ。ひとまず『うまくいっている人は，こんなふうに考えるのか～』と受け止めていただき，そのうえで，その考え方が好きかどうか，その考え方を受け入れてみたいかどうか，ご自分で決めてください」といった言い方をします。洗脳ではないので。そして規範的な認知は6つあるのですが，6つとも全部「そうだな」と受け入れる必要はありません。6つのうち，1つでも，2つでも，「あ，この考え方は好き」「この認知だったら，取り入れてみたい」というのがあれば，それで十分です。むしろ各認知について解説しながら，それに対するクライアント自身の認知を引き出すことが重要でしょう。「この認知について，あなた自身はどう思いますか？」「この認知に対するあなたの認知を教えてください」というように。とはいえ，各認知について具体的に解説した結果，ほとんどのクライアントがほぼ全ての認知を気に入っ

たり，取り入れようとしたりしてくれるようです。

　ツール6-2では，6つの規範的な認知の後に，7つ目に空欄を入れています。皆さんが気に入ってくれるとはいえ，それら6つは「借り物」「お仕着せ」なので，それらとは別に，クライアントのオリジナルの認知を7番目に入れてみようというわけです。そこにはクライアント自身の「座右の銘」のような認知が入ることもありますし，ツール6-1に記載された問題に対して「プチ認知再構成法」を行った結果としての認知が入ることもあります。あるいは6つの規範的な認知のどれかが問題に合わせてアレンジされる場合もあります。この空欄があることで，クライアントが認知によりコミットすることになります。

　それでは各認知についての解説に入りましょう。

　認知①：生きていれば，何らかの問題は生じるものだ。問題があること自体を
　　　　受け入れよう
　これは，問題解決とかストレス対処が上手な人は，そもそも「問題が目の前にある」ということを，そのまま受け入れることができるということです。「問題が現にここにあるのは，仕方がない。だってもうあるのだから」という感じで，受け入れるわけです。「前向きなあきらめ」とも言えるかもしれません。一方，問題解決やストレス対処が苦手な人は，どういうふうに認知するかというと，問題があることを否認しようとします。問題を見たくない，認めたくない，信じたくない。「信じられない！」「アンビリバボー！」という感じです。

　先日私は，ずっと昔に治療した歯の詰め物がポロッと取れちゃったんですね。そのとき，めちゃくちゃ否認しようとしちゃったんです。詰め物が取れたとしたら，面倒なことになりますよね。だから必死で「これは詰め物ではない」「食べ物の一部だ」「食べ物に異物が入っていたんだ」と一生懸命否認しようとしたのですが，どう見ても詰め物なんです。なので認めざるを得なくなって，問題解決法のツール6-2のこの認知を思い出して，「仕方がないよな」「取れちゃったんだもんな」「歯医者に行くしかないよな」と思うようにしました。結局，そこからしか始まらないわけです。

　生きて，普通に生活していれば，日々，何らかのストレッサーは降りかかって

くるものです。つまりストレッサーというのは，必ずある。常にある。死ぬまで降りかかってくる。だからそれらのストレッサーに気づいて，受け止めて，対処すればよい。これがストレス心理学の考え方です。それがこの「認知①」に反映されています。コロナ禍だってそうですよね。パンデミックが起きたのは自分のせいじゃない。しかし起きてしまったからには，なかったことにはできないし，感染の危険があることを受け入れて，できることをしていくしかない。それは不快なことではあるけれども，その不快感も含めて受け入れて対処していく。ACT（アクセプタンス＆コミットメント・セラピー）の「アクセプタンス」に重なる考え方でもありますね。

　認知②：原因を一つに決めつけず，さまざまな要因を見つけてみよう
　２番目の認知は，原因帰属に関わるものです。問題解決とかストレス対処が苦手な人は，原因を一つに決めつけやすい，という傾向がみられます。あるいは抑うつ症状や強い不安で認知的な処理能力が落ちている人は，原因帰属についての認知も雑になりやすいかと思います。そういった人は，何か問題やストレッサーに遭遇したときに，「全部自分が悪い」とか，「あいつのせいだ」とか，「何て運が悪いんだろう」といった感じで，一つのことに全ての原因を帰属させて，そこで止まってしまうんです。たとえば「全部自分が悪い」と思って自責したからといって，それ以上どうにもならなくなってしまいますよね。そういう自分を丸ごと変えることはできませんし，自分を消すわけにもいきませんから。「あいつのせいだ」と思ったからといって，その「あいつ」を変えることもできませんし。運のせいにしても，その運をどうこうすることもできませんし。要は何か一つの大きなことに原因を帰属させても，手をつけられないので，問題解決的にはあまり意味がないということになります。

　そもそも人間や人生や生活って「複雑系」なんです。ですから単純な因果論に回収することはできません。複雑系だから，何か問題があったとしても，「原因－結果」という単純な因果論ではなく，その問題にはさまざまな要因（ファクター）が複雑に絡んでいると受け止める方が現実的です。したがって問題解決やストレス対処が上手な人は，単純な因果論で問題をとらえるのではなく，この問題にはさまざまな要因（ファクター）が関わっているはずだ，その要因を多く見つけてみよう，さまざまな要因を見つけられればその中で手をつけられるものが見つけられるはずだ，という発想をします。

ベック Beck, A. の認知療法では，従来，原因帰属については「円グラフ法（パイテクニック）」という技法があります。問題の原因を考えるときに，円グラフ（パイ）を描きます。そして円グラフを複数の線で割って（たとえば 6 つに割る），その問題の原因としてありうることを一つひとつあてはめてみます。たとえば仕事がうまく進まないときに，「自分のスキルが足りない」「上司の指示がわかりにくい」「今日は体調があまりよくない」「パソコンの調子が悪い」「気圧が低くて，気分がスッキリしない」「隣の部屋がうるさい」などと具体的な要因を 6 つ挙げてみるのです。こういうふうに要因をいくつか挙げてみることで，問題が具体化されますし，手をつけやすい要因を見つけることができそうですね。ツール 6-2 の認知②は，この円グラフ法の発想とも大きく重なるものです。

　認知③：問題を「悩む」のではなく，「何らかの解決を試みるべき状況」ととら
　　えてみよう
　この認知③については，実際にはもっとかみ砕いて，以下のようにクライアントに説明するようにしています。

　問題解決やストレス対処が苦手な人は，問題について悩み続けます。問題を目の前にして，「どうしよう」「どうしよう」「どうしよう」と延々と，果てしなく悩み続けるのです。「どうしよう」の連鎖です。そうすると，いつまでたっても先に進めませんね。

　一方，問題解決やストレス対処が上手な人は，その「どうしよう」の後に，「かな？」をつけます。つまり「どうしよう！」ではなく「どうしようかな？」という問いを立てるのです。悩むのではなく，問題があるこの状況に対して，何か自分にできることがあるはずだ，それは何だろう，という意味が，この「どうしようかな？」に込められています。「どうしよう」だけだとグルグルしてしまうのですが，「どうしようかな？」という問いに変換すると，「こうしてみようかな？」「ああしてみようかな？」「こういうこともできるかな？」「ああいうこともできるかな？」と解決に向けて認知が広がっていきます。あれこれソリューションを探してみようという視点が開きます。

　以前私が担当していたあるクライアントが話してくれたことを紹介します。そ

の方のお母さんは，何か問題があると，眉間にしわを寄せて，「もう！　どうしようもない！」と嘆いてばかりだったんだそうです。彼（そのクライアントは男性でした）は，そのようなお母さんの悲観的な反応を受け継いでしまい，何か事が起きると「どうしようもない」と受け止めて悲観するのが癖になっていたのですが，結婚した彼の妻がとても楽観的で，何か問題が起きると，「さて！　どうしましょ？」と明るく言って，解決策を考える人なんだそうです。そういう妻の楽観性に触れるたびに，彼の悲観的な認知が修正されていったとその方は話してくれました。まさにこの話は「悩むのではなく，解決について考えましょう！」というこの認知③と重なりますね。

　認知④：大きな問題は小分けにしてみよう。小さな問題に分解して，突破口を
　　見つけよう
　この認知④は，まさに認知行動療法の理念である「小分け」「スモールステップ」を表しています。これについてはツール6-1で問題を外在化するときに，先取りして，問題，極力規模の小さなものに小分けにして表現してみましょう，と伝えることもできます。この「大きい」「小さい」というのは重要度の大小とか価値の高低といった意味ではなく，単に規模の大小に過ぎません。大きな問題を大きな問題のまま扱うと大変なことになってしまうので，小さく分けて，ちょっとずつ扱っていきましょう，というものです。大きな荷物は持てなくても，小さく分ければその一部は持つことができますよね。とにかく「小分け」は認知行動療法の哲学なんです。

　一方，問題解決やストレス対処が苦手な人は，問題を大きくとらえてしまう傾向があります。これから紹介する研究は，先に紹介したネズの本かズリラの本に載っているものだとばかり思いこんでいて，今回，このワークショップをリニューアルするにあたって文献を確かめようと思ってそれらの本を読んだのですが，見つけられませんでした。なので出典をお示しできず大変申し訳ないのですが，とても面白い研究なので，私の記憶に基づいて紹介します。確かだいぶ前のアメリカの研究だったと思います。

　よく言われますが，妻に先立たれた夫は早死にしやすいという説がありますよね。確かにそういうデータはあるそうなんですが，実際には，妻に先立たれた夫が全員，がっくり来て早死にするわけではなく，そういう人もいればそうではな

い人もいるわけです。つまり妻に先立たれるという悲しい出来事を乗り越えて，元気になっていく人もいます。そこで問いが立てられました。「妻に先立たれた夫のなかで，立ち直っていく人と，うちのめされたままの人との違いは何か？」。そこで出てきたのが認知の違いです。うちのめされたままの人の認知は，こんな感じです。「愛する妻に死なれた自分は，今後，どうやって生きていけばよいのか？」。出てくる言葉の規模が大きいのがおわかりになりますでしょうか？「愛」「死」「生」というとっても大きな言葉です。一方，立ち直っていく人の認知は，こんな感じだったのだそうです。ちなみにこれはかなり昔の研究なので，「夫が外で働き，妻が家事をする」ということが前提になっています。「おいおい，これから俺の昼飯はどうすればいいんだ？」「ガス代ってどうやって支払えばいいんだ？」「隣の家には誰が住んでいるんだ？」。さきほどのうちのめされた人の認知に対して，これらの認知に出てくる言葉は，「昼飯」「ガス代」「隣家」といったように規模がとっても小さく，具体的ですよね。つまり問題のとらえ方の規模が小さいのです。「愛」「死」「生」といった大きな人生の問題ではなく，生活上の具体的で小さな問題としてとらえているわけです。まさに「小分け」です。ここからもわかるのが，問題解決やストレス対処が苦手な人は問題を大きくとらえ，上手な人は問題を小さく分ける，という，まさにツール6-2の認知④なんですね。

　この研究の話をクライアントにすると，非常に興味関心を持ってもらえます。うつや不安といったメンタルヘルスの問題で苦しんでいるクライアントも，認知機能が低下していることも関連して，やはり認知処理が大雑把になって，どうしても人生レベルの大きなことを考えがちです。「これからどうやって生きていけばいいのか」とか「この仕事は自分に合っていないのではないか」とか「大きな災害が起きたらどうしよう」とか。そういう大きなことをぐるぐる考えて，反すうし，さらにメンタルが悪化する傾向がみられます。でも，そういう大きなことは，回復してエネルギーが戻ってから考えればよいことで，エネルギーが低下しているときは，それこそ「お昼ごはん，何を食べようかな？」とか「飲み物はコーヒーと紅茶とどちらがいいのかな？」とか「何色のセーターを着ようかな？　赤にしようかな？　青にしようかな？」とか，そういう小さなことをまず考えればよいのです。そういう小さなことを考えて，意思決定し，行動するうちに，それが行動活性化にもなって，回復していけるわけです。そういうことをここでクライアントに伝えますし，こういうふうに説明するとクライアントも納得してくれます。

認知⑤：「解決できるか」ではなく，「対処できそうなこと」「できないこと」を見極めよう

　上にも書きましたが，問題解決やストレス対処が苦手な人は，認知的な処理が雑になりがちです。細かく小分けして処理するのではなく，「オール・オア・ナッシング」「白黒思考」「全か無か思考」に陥りやすいのです。なので，問題を目の前にすると，「解決できるか，できないか」という，「できる・できない」といった自動思考が生じ，追い詰められたような気持ちになります。一方，問題解決やストレス対処が上手な人は，小分けにして柔軟に捉えることができますから，問題を目の前にしても，それを丸々「解決できるか，できないか」ではなく，まずはその問題を分割したうえで，分割されたそれぞれの断片について，「これは対処できるか」と，一つひとつ見極めようとします。こうやって断片に小分けして，一つひとつに対して丁寧に「対処できるか」「できないか」の見極めをすれば，「かなり対処できる」もの，「まあまあ対処できる」もの，「頑張れば対処できる」もの，「ひょっとしたら対処できるかもしれない」もの，「対処がかなり難しい」もの，というようにグラデーションをつけられますね。そうすると，スペクトラムとして問題を眺めることができ，「できる・できない」というオールオアナッシングで追い詰められることもありません。やっぱりここでも「小分け」の哲学が効いています。

　認知⑥：できることから手をつけよう。「実験」としてチャレンジしてみよう

　最後の認知⑥は，認知⑤で小分けにして「対処できる・できない」とグラデーションをつけた後のものです。問題解決やストレス対処が苦手な人は，せっかく「できる・できない」と小分けしたにも関わらず，「できない」方にばかり目が向いてしまいます。そして「対処できないことが，こんなにあるんだ。どうしよう！」というふうに悲観的になってしまうのです。一方，問題解決やストレス対処が上手な人は，「できる・できない」に小分けにしたら，「できない」ほうは置いておいて（だって「対処できない」のだから目を向けたって仕方がない），「できる」ほうに目を向けます。そして手をつけられそうなところから手をつけます。その際のスタンスは，「実験」です。「対処できるのだから，絶対に対処しなければいけない」「手をつけたからには，絶対に成功しないといけない」とプレッシャーをかけると，自分を追い詰めてしまいます。そうではなく，ひとまず「実験」として手をつけてみよう，と気楽にトライしてみるのです。実験において重要なのは，「成功させること」ではなく，「結果を出すこと」です。実験としてトライし

てみたら，どういう結果が出たか，それ自体が重要なんです。それがたとえ芳しくない結果だとしても，「実験としてトライしてみて，こういう"よろしくない結果"になるということがわかってよかった」となるわけです。このように，どうせ対処するのであれば，「絶対成功させなければならない対処」ではなく，「実験として結果を出せばよい対処」として臨むほうが，気軽に手をつけやすいですよね。行動を起こすハードルが下がりますよね。そして実験して，仮に芳しくない結果が出たとしたら，「これじゃうまくいかないのか」と確認して，再度，実験し直せばいいのです。実験を繰り返すこと自体が，問題解決における粘り強さにつながります。

　認知⑦：どんなことを自分に言うと，良いだろうか？　下欄に記入してみよう
　規範的な認知は⑥までで，最後の認知⑦は空欄になっています。①から⑥までの認知は，役に立つといってもお仕着せなので，問題解決をよい方向に持って行ってくれそうな認知を，自分でも作ってみよう，というのがこの認知⑦のコンセプトです。ツール6-1で表現した問題を，いい感じに解決していくとしたら，どういう言葉を自分にかけてみるとよいだろうか，というように，自分との対話をゲシュタルト療法的にイメージしてみるとよいでしょう。座右の銘を持っている人はそれをここで使うこともできますね。認知再構成法をすでに習得している人であれば，ここでプチ認知再構成法を実践してみることもできます。

　たとえば原稿問題に取り組む伊藤絵美さんは，次のような2つの認知を⑦の空欄に書き入れました。

「やらないよりはやったほうがマシ」
「逃げずに1分だけ動いてみよう」

　2つとも「座右の銘」というほどかっこよいものではありませんが，「面倒くさい」と思ってぐずぐずしちゃったときに，自分にかける言葉としていつも使っているものです。面倒くさいとどうしても先延ばしして回避してしまいそうになるので，そういう自分に気づいたときには「ちょっとでもやったほうがマシなんだ」と自分に声をかけ，行動を起こす方向に自分を持っていきます。とはいえ，面倒くさくてやりたくない行動を取らなくてはならないので，「抵抗」が生じます。そのとき「1分でいいから」と自分に言ってあげると，さらに行動を起こすほうに

進めます。私の場合，10分とか5分だとダメなんです。「そんなにできない」と思ってしまうので。でも1分だと，ハードルがかなり下がるので，「だったらやってもいいか」という気持ちになります。これは「1分作戦」と呼んで重宝しています。多動系で気が散りやすく，なかなか行動に手をつけづらいクライアントさんには，この1分作戦を紹介することがありますが，わりと皆さん，気に入って役立ててくれているようです。「1分なら手をつけられるな」「1分なら耐えられるか」といった感じで。実際は1分やってみると，もうちょっと継続してできることが多いです。5分とか10分とか，場合によっては30分とか。そうやって回避したい行動に手をつけます。事実，今，私はこの原稿自体も，毎朝，この1分作戦で何とか書き続けています（笑）。

　では，中村貴子さんはどういう認知を⑦に入れたでしょうか？　中村さんと問題解決法（ツール6）に取り組んだのは，X年の12月14日の夜と，その1週間後の12月21日の夜でした。実はこの日付が重要で，というのも，さきほどのツール6-1を見ていただきたいのですが，中村さんが取り組もうとしている申請書の締め切りは12月24日なんです。24日に締め切りの申請書にまだ全く取り組めていないということで，14日の段階で，中村さんはとっても焦っていました。しかし14日の1回のセッションで，ツール6を全てやりきることはできません。そこで14日，21日の2回のセッションでツール6に取り組むことにして，ギリギリのタイミングではありますが，24日の締切日になんかと間に合わせることを目指すことにしたのです。

　そういうわけで，14日のセッションでは，問題解決法について心理教育を行い，ツール6-1と6-2について一緒に取り組みました。まず6-1で問題をあらためて具体的に共有し，6-2の6つの規範的な認知について心理教育的に解説しました。そして認知⑦についても説明し，14日のセッションのホームワークとして，認知⑦の空欄に，問題解決を良好に進めていくための，中村さんなりの認知を記入してもらうことになりました。その結果，中村さんは，以下のような文言を認知⑦の空欄に書き入れていました。

　「本当に私が悪いのかな？　もう1回考えてみよう」

　これは，中村さんが，例の申請書の件も含め，自分の反応をモニタリングした

ところ,「自分が悪い」と自責することが多いことに気がついたことによって考え出された認知だということです。申請書のことだけでなく,何かうまくいかないことがあると,中村さんはどうしても「私が悪いから」「私が……だから」というように,自分に原因があるように感じて,自責してしまうのだそうです。しかしそれこそ認知②の,原因帰属を決めつけず,要因を分散させてみようという発想を生かして,自責しかけた自分に対して,「本当に私が悪いのかな？　もう1回考えてみよう」と声かけをすることにしたとのことでした。こうやって声かけすると,自責が軽減され,問題を柔軟に捉えることができると中村さんは話していました。

　では,妻に暴言を吐いてしまう原田武夫さんは,この認知⑦の空欄にどんな文言を入れたでしょうか？　原田さんとはセッションで一緒にこの認知⑦について考えました。ツール6-1のような状況になりかけたとき,つまり妻に暴言を吐きそうになったとき,なんとかそれを阻止して,別の適応的な行動を取るために,自分にどういう声かけをしたらよいのか,どういう声かけを自分にすれば,暴言を止められるのか,について原田さん自身に案を出してもらって,より使えそうな,そして役に立ちそうなせりふを2つ選びました。

「自分落ち着け！」
「自動思考をそのまま口から出すな！」

　とにかく衝動的になりかけた自分に気づいたら,心の中でこの2つを大きな声で自分に言って,行動を制止することにしたのです。原田さんはこの2つのせりふを,ツール6-2の空欄に大きな文字で書き入れました。

　ツール6-2の認知についての説明は以上です。実際にこんな感じでわりとじっくりと,クライアントに対してツール6-2の認知についての心理教育を行います。ですからこのツール6については,1セッションで全てを終える,ということはまずありません。ケースフォーミュレーションを行って,では問題解決法に取り組もう,ということになってツール6を導入するわけですが,まずはツール6-1で問題を表現する。そこで1セッションが終わってしまう場合も少なくありません。そしてツール6-2の認知についても,ここはとても重要なので,さきほどのように一つひとつの認知について,「問題解決やストレス対処が苦手な人は」「問

題解決やストレス対処が上手な人は」といった具合に，くどくどと具体的に解説しますし，クライアントにも「大事だと思ったらメモ取ってね」と言って，メモを取ってもらいます。なのでクライアントはツール6の余白の部分に「どうしようかな？」とか「妻が死んで昼飯どうする」といったことを書いていったりします。

　実際，ほとんどのクライアントが，興味を持ってツール6-2の認知についての解説を聞いてくれます。「へえ！」とか，「なるほど！」とか，「言われてみたらそりゃそうだよね」という感じで。やはり，うまくいっている人の秘訣を知るのは，楽しいのではないでしょうか。各認知については，ツール6-1に記載したクライアント自身の問題に対して，一つひとつあてはめてもらいます。「『問題があること自体を受け入れよう』という考え方は，ツール6-1に書いてあるあなた自身の問題に対して，あてはめて考えられそうですか？」とか「ツール6-1にあるあなた自身の問題について，さまざまな要因を見つけてみるとしたら，たとえばどんなことが考えられますか？」とか。そうやって6つの規範的な認知を，単なる規範で終わらせず，自分のこととして具体的に考えられるようになってもらいます。そしてホームワークで，このツール6-2の認知リスト自体を毎日読んできてもらったりもします。

　さきほど紹介した，回避傾向が顕著で，問題解決法に導入するまでにめちゃくちゃ時間がかかったケースの男性クライアントも，このツール6-2の認知リストをたいそう気に入ってくれて，「確かにこういうふうに考えられれば，行動につなげられそうな気がする」と言って，スマートフォンのカバーに認知リストを切り取って貼り付けて，日々眺めておられます。こんなふうにツール6-2の認知リストを気に入ってくれる方は結構いて，その場合，この彼のように，認知リストを切り取ってスマホケースや手帳に入れたり貼ったりして持ち歩き，毎日読んだり，問題が発生したときに眺めたりすることをホームワークの課題にしたりもします。あるいは拡大コピーして部屋の壁に貼っている，という人もいます。以前，ストレスマネジメントの研究で，看護師さんたちに問題解決のトレーニングをしたことがありますが，彼女たちもこの認知リストをいたく気に入って，白衣のポケットに入れて何かあるとこのリストを読む，ということをしてくれていました。こんなふうに日々，ツール6-2の認知リストを目にすると，次第にこれらの文言に馴染んで覚えてしまう，ということが起こります。すると，何か問題が起きた

ときにうちのめされてしまうのではなく，これらの認知を想起して，「受け入れるしかないよね」「いろいろな要因があるよね」「この問題をどうしようかな？」「小分けにしてみよう」「何ができるかな？」「できそうなことを実験してみよう」と自然に思えるようになり，問題解決に向けた適応的な行動が取りやすくなります。このような形で内在化されると，このツール6-2の認知リスト自体が強力に機能します。

　これには実際，実証研究があります。ネズの『うつ病の問題解決療法』で紹介されている1993年の研究なのですが，もともと行動療法には問題解決技法というのがあって，それにはツール6-2のような認知的な要素が含まれません。ネズたちは，うつ病に対して，認知的な要素の含まれない行動療法的な問題解決技法と，認知的な要素が含まれる問題解決療法の効果を比較する臨床研究を行いました。その結果，両者とも有意に効果があったのですが，認知的要素が含まれる群のほうが含まれない群に比べてさらに効果が有意に高かったことが示されたのです。そういうわけで，せっかく問題解決法に取り組むのであれば，やはりツール6-2の認知リストをしっかりと入れ込むほうがよい，ということになりましょう。

§7

ケースフォーミュレーションの流れから
問題解決法を導入してみる③

問題解決法の具体的な手順：ツール6-3

■ツール6-3：目標イメージを具体的に作成する

　次に進みます。ツール6-3です。ここではツール6-1で表現された問題に対する目標イメージを具体的に作成します。前にもお伝えした通り，ここでは問題の完全な解決を目指すのではなく，問題状況が「少しだけ」「一歩だけ」よくなるとしたら，それはどのような状況であるかということを具体的に考え，そのために自分が具体的にどんな行動を取れるとよいか，どんな工夫ができるとよいか，ということを，ここに書き込みます。「具体的に」というのがキーワードです。目標が具体的に表現されてこそ，私たちはそれをイメージすることができます。言い換えると，イメージできることしか目標にしない，ということです。

　せっかくなので，ここで皆さんにワークに参加していただきましょう。さきほどツール6-1の例として「エビチリ問題」をご紹介しました。再度ここに提示します。

エビチリ問題
　現在，土曜日の午後8時。明日の昼間，友人宅で持ち寄りのホームパーティを開く予定。明日のテーマは「中華料理」で，私は「海老のチリソース」を担当することになっている。しかし私は，エビチリは食べたことはあるが作ったことなど一度もない。そもそも料理は得意でない。自宅には海老どころか調味料もない。料理本もない。友人たちには久しぶりに会いたいが，エビチリのことを思うと，頭を抱えたくなる。気が重い。「なぜ『じゃあ，自分はエビチリ！』などと調子の良いことを言ってしまったのだろう」と自分を責めてしまう。たぶん酔っ払って調子に乗ってしまったのだろう。酔うと調子に乗って安請け合いしてしまうの

だ，私は。それにしてもこの「エビチリ」問題，どうしたらよいのだろうか？
途方に暮れるばかりだ。

　さて，皆さんは，この「エビチリ問題」の当事者であるとイメージしてくださ
い。今，土曜日の夜8時です。明日のホームパーティでは手作り料理を持ち寄る
ことになっていて，あなたの担当は「海老のチリソース」です。でも，今，手元
に素材がないどころか調味料もない。レシピもない。「さて，どうしましょう？」
ということで，皆さんなりの具体的な解決策，つまり目標イメージを一つ，考え
出してほしいのです。目標イメージは一つに絞ります。すでに皆さんの頭の中に
は，「デパ地下」とか「クックドゥ」とか「それでも頑張って何とか作ってみる」
とか「ズル休みする」とか，いろいろなソリューションが浮かんできていると思
いますが，それらをいっぺんに行うのは非現実的ですし無理ですよね。ですから
いくつか浮かんでいる案の中から一つ選んで，それを目標イメージとして具体化
してみてください。そしてそれをチャット欄に入力してください。

皆さんの目標イメージ案

- エビチリのつくり方をまずはパートナーに聞いてみて，自分に手に負える料理なのか，
  確認する。
- 料理が得意な友人に頼み込んで作ってもらう。
- クックパッドで“エビチリ，簡単”でググって，家にあるもので作れるのを探す。
- まずスーパーに行く。
- クラシルで検索し，難易度を測る。
- SNSで問題を書いて案を募集する。
- スーパーのお惣菜コーナーでエビチリを買う。「これもスーパーの調理スタッフの手作り
  だ。自分が作るよりはるかに美味い」と押し切る。
- 今回は頭を下げてクックドゥで許してもらう。次は頑張る。
- まずネットで“エビチリ，簡単”で検索して，レトルトを使いつつ，ちょっと手を加え
  られないか調べる。
- 当日，デパ地下で買っていき，皆に正直に謝る。
- マイバスケットに行って，冷凍エビと味の素のクックドゥを買ってきて，クックドゥの
  裏面を見ながら作る。
- インターネットで簡単なエビチリレシピを見つけて作り方を確認する。
- ズル休み作戦。ラインで熱が出たから明日は残念だけど休みます，ごめんねと送る。
- 体調崩しちゃって，楽しみにしていたんだけれど明日はごめんなさいとメールをする。
- その時間に開いているスーパーに行く。スーパーに走って冷凍のエビを買って，エビチ
  リのソースと混ぜる。豆板醤をちょっとまぜて味変する。
- 中華料理屋さんで買ったものをお重に詰めて，自分が作ったと言い張る。
- 明日のことだから，明日やればいいやと翌日午前中に買い物に行って，ソースはクック
  ドゥで作る。

- ウーバーイーツでテイクアウトを頼む。
- 中華料理店で買って持っていく。
- 酔っ払って引き受けたことを正直に言う。申し訳なさもあるのでワインを持参する。
- 料理の得意な友達に監督してもらって作ってみる。お礼は奮発する。
- 近所の中華食堂のエビチリはほどほどにおいしく、ほどほどにまずいので、そこのものをテイクアウトにする。
- 美味しいエビチリをテイクアウトし、「勢いで言っちゃった、てへっ」と笑ってごまかす。
- 持ち寄りパーティのメンバーの一番話しやすい人に連絡して、簡単なエビチリの作り方を聞く。
- 調理好きな夫に作ってもらう。
- おいしいと有名なエビチリをゲットし、あけっぴろげに皆と情報を共有する。
- 冷凍食品のエビチリがないか確かめる。
- デパ地下や駅ビルの地下で、何種類かのエビチリを買っていって、食べ比べしようと品数でごまかす。

　皆さん、ご入力ありがとうございました。さまざまなバリエーションの目標イメージが出てきましたね。出してくださったソリューションは、どれでもいいです。当事者である皆さんが「それでいいんだ」と思えるのであれば、デパ地下でも、誰かに作ってもらうのでも、クックドゥでも、ズル休みでも、なんでもいいのです。ズル休みは社会的に一見ダメそうに思われるかもしれませんが、犯罪でも何でもありませんよね。

　ちなみに、今の作業、結構楽しくなかったですか？　このワークショップをオンラインではなく集合研修形式で行うときには、このエビチリ問題についてはグループワークを実施して、各グループで目標イメージを決め、発表してもらっていたんです。これが実にワイワイと盛り上がるんですね。この、「ワイワイ盛り上がりながら楽しく目標についてイメージする」というのが重要です。眉間にしわを寄せて深刻に考える、ということではなく、「じゃあ、どうしよっか？」「では、こうしてみない？」というふうに、楽しげにイメージしていく、というのがポイントです。今の楽しい感じを覚えておいていただき、皆さん自身のケースやセッションに活かしていただければと思います。

　では、このエビチリ問題に対して、私のほうで用意しておいた目標イメージ（ソリューション）を10個、皆さんのアイデアと一部重複してしまう面もありますが、ご紹介しましょう。

目標イメージの例：その1

・今日中にインターネットでエビチリのレシピを見つけ印刷しておく。明朝，スーパーの開店と同時に食材や調味料を手に入れる。
・帰宅後，たとえ気が向かなくても，調理に自信が持てなくても，レシピに沿って「エビチリ」を作り，味見をして「悲惨なまずさ」でなければ，それをタッパーに入れて，予定通り11時に自宅を出て，友人Aの家に向かう。

　何とか自力でエビチリを作る方向でのソリューションですね。自信がなくても，とにかく「自分で作って持っていけばいいんだ」という思いで，頑張って自分で作って持っていこう，というわけです。わりと真面目な方向での解決イメージかもしれませんね。

目標イメージの例：その2

・今さら新たなレシピに挑戦するのも大変だから，今回はレトルトでごまかすことに決め，今夜はエビチリのことは保留にして，楽しみにしていたDVDを観てから寝る。
・明日，スーパーの開店と同時に，海老と，レトルトの「エビチリの素」を購入し，家に戻って「ごまかしエビチリ」を作り，それをA宅に持っていく。そしてレトルトを使ったことを食べる前に自分から申告する。「ごめん！　今回はレトルトを使っちまった！」と明るく言う。

　皆さんの大好きなクックドゥの出番です（笑）。この持ち寄りパーティは「手作り礼賛」という，いけ好かないものなのですが，今回はそこをあえてスキップして，「自分で作った風」のエビチリをとにかく持参すればよい，というところがポイントです。そしてレトルトを使ったことについても，「てへぺろ」で済ましてしまおうという作戦です。このようにレトルトを使うかどうかのみならず，使ったことに対して「どのような態度を取るか」ということも目標イメージに加えることができます。

目標イメージの例：その3

・エネルギーと時間を無駄に使うのではなく，今回はお金で解決することにする。「大事なのは自分が料理をすることではなく，約束した料理を明日，自分が持っていくということ」と考える。
・明日，A宅に行く前にデパ地下に寄って，●●●（中華専門のテイクアウト店）で，美味しいエビチリをどっさりと買い込み，その後A宅に行く。
・「持ち寄りパーティなんだから，ちゃんと自分で作ってこいよ」と軽くとがめられたら，「悪い悪い。今回だけは許してよ！」と軽く謝る。

これは作るのではなく，お金で解決することにして買ってしまえ！ というソリューションです。ここには「大事なのは料理することではなく，料理したものを持っていくということだ」という認知の再構成も含まれます。デパ地下でエビチリを買うことにしましたが，その際，どこのデパートのどこのお店なのか，ということも，この目標イメージのなかで具体化するとよいでしょう。また先ほどの「その2」と同様，「どのような態度を取るか」ということも目標イメージに含まれています。

目標イメージの例：その4

・今夜中に明日集まる予定の友人たちにメールを送り，「エビチリは自分には無理。ごめん」と先に白旗を揚げる。少々うしろめたくても，「無理」と宣言すれば，自分でもあきらめがつくかもしれない。かわりに明日は我が家にあるとっておきのワインを持参することにする。それもメールで伝える。
・メールを送ったら明日のパーティの件は「なかったこと」にして，今夜はのんびりDVDでも観て夜更かしをする。明日は10時までたっぷり寝て，それからワインを持って友人宅に行く。

この問題はパーティの前日の夜8時に起きているものです。エビチリそのものが問題なのではなく，「前日の夜にエビチリ問題に頭を抱えている」というのが問題状況です。ですからエビチリをどうするか，ということではなく，頭を抱えている今のこの状況をどう乗り越えるか，という発想で目標イメージを立てることもできます。そういうわけでこの「その4」では，エビチリについてはとっとと白旗を揚げてワインを持参することにし，そのことを前日の夜に友人たちにメールで伝え，あとはDVDでも観てのんびりと過ごそう，という「前日の夜の過ごし方」をソリューションとしました。

目標イメージの例：その5

・今日は疲れていて頭が働かないので，この「エビチリ」問題については保留にする。「自分がエビチリを作れないからって，誰かが死ぬわけではない」と考え，別の楽しいことを考えるようにする。ゆっくりお風呂に入って疲れを取る。
・明朝，目が覚めたら，もう一度ツール6を使って問題解決法を実施して，この「エビチリ」問題をどうするか，検討しよう。明日の朝，10時までに決められればよい。

「戦略的な先延ばしや保留」というのも，目標イメージとしては「あり」です。今は疲れているし頭が働かないから，このエビチリ問題について，今意思決定す

るのではなく，置いておこうというわけです。その際，「誰かが死ぬわけではない」と認知再構成法も行われています。今晩はエビチリ問題についてはあえて保留にして，翌朝に先延ばしし，明朝，このツール６を使って再度問題解決法を行うことにしました。先延ばししたくないのに，どうしようもなく先延ばししてしまうことは「問題」になり得ますが，あえて先延ばしして保留にするということであれば，むしろ「解決イメージ」になり得るのです。

目標イメージの例：その６

- これから妹（近居，料理が大得意）に電話して，明日の午前中の予定を聞く。外出の予定がないとのことなら，エビチリを作ってくれるよう泣きつく。交換条件に，次の休みに私が妹の子どもたちの面倒を見てあげることにする。
- 妹がOKしてくれたら，その後タクシーで深夜営業のスーパーに行き，必要な材料を買い，その足で妹の家に寄り，食材を預けていく。
- 妹の都合が悪ければ，もう一度このツール６を使って，次の対策を立てれば良い。

問題は，自分ひとりで解決しなければならないわけではありません。他者の力を借りる，誰かに頼る，というソリューションももちろん「あり」です。そういうわけで，いかに誰かに助けてもらうか，というところに焦点を当てて目標イメージを作ったのが，この「その６」です。また，さきほどの「その５」でもありましたが，何らかのソリューションを試みた後に，その状況次第では，「再度ツール６を使って問題解決法にトライする」というのを目標イメージに入れ込むこともできます。

目標イメージの例：その７

- 明日の「エビチリ」については，もうしょうがないので売り物を買っていく。友人Bが以前同じことをしていたので，「まあよし」とする。
- 明日，次の持ち寄りパーティのテーマと担当を決めるだろう。その時点ではそれなりに酔っ払っているはずである。何らかのメニューが自分にふられても，酔ったいきおいで即答せず，今までに作ったことのあるもの，あるいは作る手順が具体的にイメージできそうなものに限って引き受けることにする。このことを，明日の話し合いのときに意識する必要がある。たとえ酔っていても……。

これは，エビチリではなく「次回の担当決めの話し合い」に焦点を当てた目標イメージです。前回の担当決めのときに，お酒に酔っぱらって安易に「私，エビチリ作る！」と言ったせいで，今のこの問題が起きてしまっているのです。なので，次の担当決めの話し合いでは，同じことが起きないように対策を立てました。

目標イメージの例：その8

- 明日はレトルトでもテイクアウトでもいいから，とにかくエビチリを持っていく。「私はエビチリのために生きているわけじゃない」と開き直る。
- 手作りの料理を持ち寄るというルールそのものが問題の一因なので，明日，「手作りにこだわらず，作っても買ってもどちらでもいいことにしない？」と皆に提案する（実は皆，手作りを負担に思っていて，この提案は喜ばれるかも）。
- 手作り推進派のCが異を唱えたら，内心ムッとしても，穏やかな態度を保ち，皆の意見を聞いて，どうするか話し合う。

　そもそも「手作り料理を持ち寄る」というルール自体を変えてしまえば，こういう問題は起きないのではないか，というわけで，ルール変更を提案することを目標イメージとしました。このように，その問題のどこに焦点を当てるか，というのは柔軟にとらえていいし，問題解決の当事者が自由に決めればよいのだと思います。

目標イメージの例：その9

- 「エビチリ」ではなく「麻婆豆腐」なら，さほど苦もなく作れるし，食材の一部も家にあるので，今回はすっとぼけて，麻婆豆腐を持参することにする。
- これからもう一度冷蔵庫と食材入れの中身を確認し，足りない食材を近くのコンビニで手に入れる。下ごしらえをできるだけ進めておき，明日調理をして，それを持参する。
- よほど突っ込まれない限り，自分は「麻婆豆腐」担当であるかのように振る舞い続ける。

　これは，ちょっと面白いソリューションですね。真面目な人は，こういう「すっとぼけ作戦」は好きじゃないかもしれませんが（言ってしまえば「嘘をつく」ということになるわけですから），これも当事者が「それでいい」と思えるのであれば，ありだと思います。

目標イメージの例：その10

- 明日はパーティを欠席することにする。これから皆に「風邪で，熱が出ているので，欠席」の旨，メールを出す。嘘をつくのは少々しろめたいが，今回の「エビチリ」問題はとりあえずこうやって乗り切ろう。
- 数カ月後には次の会合があるだろうから，そのときはあまり手間がかからず，自分でも楽に作れそうなメニューを担当することにする。
- というわけで明日は「風邪っぴき」の人として，自宅でのんびり好きなことをして静かに過ごす。「たまにはこういう日もいい」と思いながら。

　これはもっとすっとぼけた目標イメージですね。嘘をついてズル休みをする，

というのですから。真面目な人は抵抗を感じるかもしれまんが，嘘をつく，とか
ズル休みをする，というのは，犯罪でも何でもありません。誰かをひどく傷つけ
るものでもありません。なので，当事者が納得できるのであれば，これだって全
然ありなんです。こんなふうに幅広く，柔軟にさまざまなソリューションをイメ
ージできるといいと思います。

目標イメージを設定する際のコツ

ツール 6-3 の目標イメージを設定する際のコツについてまとめておきます。ま
ず，さきほどのエビチリ問題の例でも申しましたが，目標イメージを最終的に決
めるのはとにかく当事者である，ということをまず押さえておきましょう。セラ
ピストが先入観で誘導したりしないよう気をつけたいものです。エビチリ問題の
場合，自然と「何とかしてエビチリを持参する」というソリューションが思い浮
かび，その範囲内で目標イメージを決めてしまいそうになりますが，そうではな
く，もっと広くもっと柔軟にソリューションをあれこれイメージしたいですし，
当事者がそのようにイメージできるよう手助けしましょう。そして決めたり選択
したりするのは，あくまでも当事者です。

私の原稿問題についても同様です。視野が狭いと，そしていい子ちゃん的な視
点に立つと，「原稿を締め切りまでに書くためにはどうすればよいのか？」という
問いが浮かび，その問いの範囲内でソリューションをイメージしがちですが，こ
のときに立てるべき問いは，そうではなく，「この原稿問題について，あなたはど
うしたいですか？」「この問題状況がどうなるといいと思いますか？」「これがど
うなると，あなた自身が『よかった』と思えるでしょうか？」といった，よりオー
プンな問いになります。このような問いならば，「原稿を書く」以外のソリュー
ションが幅広く出てくる可能性が高まります。

また，前にも申しましたが，完全な解決を目指すような目標イメージは立てま
せん。ツール 6-1 で表現した具体的な問題が，一歩，よい方向に向かうとしたら，
それはどういう状況なんだ？ という問いを立てます。「一歩」というのがミソで
す。ここでも認知行動療法の「スモールステップ」という理念が垣間見られます
ね。問題状況が一歩だけよくなったら，それはどういう状況なんだ？　その状況
に向けて，どんな行動が取れそうか？ という問いを繰り返しながら，具体的で達
成可能な目標イメージを作っていくのです。

そしてその目標イメージは，とにかく「それをする自分がイメージできるか？」というのが重要です。人はイメージできることしかできません。「イメージできるか？」と問うて，それをする自分がリアルにイメージできれば，たぶんそれはできるだろうと考えます。一方，リアルにイメージできなければ，それはおそらくできないだろうと考え，「だったら，どういう行動なら，それをする自分がイメージできるだろうか？」と問い直します。

　さらにその目標イメージに続く随伴性もイメージしてもらいます。「そうなったら，どんなことになりそうですか？」「あなたがそのように行動したら，相手はどんなふうに反応しそうですか？」といった問いを投げかけます。それによって，その目標イメージがどのような結果を引き起こすのかイメージしてもらい，その目標が目標として適切なのかどうかを判断します。あるいは随伴性をイメージすることで，目標達成に対するモチベーションがさらに上がることが期待されます。

　最後に，さきほども申しましたが，目標イメージを立てる際は，楽しげな雰囲気のなかで行うことが重要です。楽しげな雰囲気のなかで，あれこれ自由に想像しながら目標設定していく。セラピストは好奇心を持って，楽しそうに，「どうする？」「どうする？」「どうしちゃう？」と問うていくなかで，クライアントも自由な気持ちで，楽しく，あれこれと目標について考えられるようになります。

　それではさきほどご紹介した3つのケースで，それぞれの問題に対してどのような目標イメージが立てられたかを，提示していきます。

■ 伊藤絵美さんのケース

　伊藤絵美さんのケースでは，ツール6-1に以下のような問題が外在化されました。

　8月25日。雑誌『●●●』からオファーのあった書評を書かなければならない。2,000字。締め切りは9月末。書評の対象となる本はまだ読んでいない。例によって「（読むのも書くのも）めんどくさい」「やりたくない」「原稿仕事は嫌いだ」などと，否定的な自動思考が次々とわいてきてまだ全く手をつけていない。

この日，たまたまカウンセリングのキャンセルが入り，１時間の自由時間が手に入った。オフィスで当該の本を手に取り，PCを立ち上げるが，読むのが面倒で，ついついネットサーフィンをしてしまう。このままだとせっかくの自由時間が無駄になりそうだし，原稿仕事が後回しになり，いつもの「締め切り直前」のストレス地獄に入りそうだし，そういうふうにしてしまう自分が嫌になってくる。

　それに対してツール6-3では，以下のような目標イメージが外在化されました。

・ツール6-2の認知「やらないよりはやったほうがマシ」「逃げずに１分だけ動いてみよう」を，声に出して自分に言う。
・PCの「原稿フォルダ」内に新しいフォルダを作る。「●●書評原稿」と名づける。さらにそのフォルダ内にワードのファイルを新たに作る。「●●書評原稿＿2000字＿伊藤絵美」と名づける。
・書評の対象となる本を手に取り，帯を外す。栞がわりのポストイットを１枚取り出し，貼り付ける。「はじめに」「おわりに」「著者紹介」のみ目を通す。今日はそれでよしとする。
・ここまでで10分程度。気が向いたら，そのまま本の続きを読むが，気が向かなかったらここで終わりにして，ネットを見て遊ぶ。

　かなり具体的ですね。書評原稿を書く仕事があり，たまたま１時間の自由時間が手に入った，このままだとネットサーフィンに走ってしまいそう，という問題状況を，一歩よい方向に向けるとしたら，「１分だけ」と思いながら，パソコンに原稿用のフォルダとファイルを作ること，書評の対象となる書籍の一部だけに目を通すだったらできそうだと判断しました。野望としては，書籍を一気に読んで，原稿を一気に書き上げたいのですが，それは無理です。それができるのであれば，こういう問題を今，私は抱えていないはずです。ですから「一気に読んで，書く」という野望は捨てて，「１分だけ」と思いつつちょっとだけ手をつける，１時間集中するのではなくとりあえず10分でいいや，と思ってやってみる，その程度の目標にしました。この目標であれば，「それをする自分」がイメージできるわけです。イメージできるからこそ，「これぐらいならできるかな」と思えます。

■ 中村貴子さんのケース

　中村貴子さんのケースでは，ツール 6-1 に以下のような問題が外在化されました。

・申請書を他部署に持っていかなくてはいけない（12/24）。
・断られたらイヤだと思って書類が書けない（一度すでに断られているから）。
・書けないことによって，ツール 1 の悪循環にはまっている。
・愚痴を言ったり TV を見ても落ちこんだ気分が変わらない。

　それに対してツール 6-3 では，以下のような目標イメージが外在化されました。

① 24 日の午前中までに申請書に肉付けして書き上げる。
　お昼を食べて，やろうと思って，22 日の午後から始める。
②午後イチで課長の印をもらって，書類を持って行って担当者に渡す。
　不安半分と大丈夫半分の心もちで。

　これについては少し解説が必要です。前にも申しましたが，中村さんとは 12 月 14 日の夜のセッションでツール 6-1 と 6-2 に取り組みました。そしてツール 6-2 の認知⑦の空欄に，中村さんなりの認知を記入してくることがホームワークの課題となりました。一方，この問題解決法で取り組んでいる申請書ですが，中村さんはその作成を先延ばししてしまっているんです。その締め切りは 12 月 24 日です。ツール 6-3 で目標イメージを作成したのは，なんと 12 月 21 日の夜でした。そしてこの段階で，中村さんは申請書に全く手をつけていませんでした。このセッションは平成の時代に行われたものです。したがって 12 月 23 日は天皇誕生日で休日です。つまり申請書の作業ができる日程は，翌日の 12 月 22 日と，締め切り当日の 12 月 24 日の 2 日間のみでした。

　その 2 日間を使って，どのように申請書を作成し，担当者のところに持参するのか，というあたりが目標イメージに組み込まれました。中村さんとの対話のなかで，まだ手をつけていないとはいえ，一度断られた申請の作業なので，もととなる申請書がすでに手元にあり，それに肉付けをして書き上げればよい，という

ことがわかりました。その作業に「いつ手をつけるか？」と私が問うたところ，最初，中村さんは「明日（22日）の朝からやります！」と答えました。私は「それは野望なのでは？」と指摘しました。というのも，明日の朝イチで手をつけられるような作業であれば，とっくに手をつけているはずだからです。中村さんは苦笑して，もう一度考え直し，「明日の朝イチではなく，昼食後に始めたい」と言いました。昼食を食べた後に「やろう」と思ってその仕事に手をつける自分であればイメージできるということでした。

　次に，24日が締め切りだとして，24日の何時までに担当者に申請書を持参すればよいのか，ということを問いました。「24日の仕事終わりがデッドライン。つまり17時」というのが中村さんの答えでした。そこで私が「では，ギリギリでよければ16時50分頃に担当者に申請書を渡せばよいということ？」と訊くと，彼女は「それはギリギリすぎて怖いし嫌だ」ということなので，「では，いつだったら？」と問いました。そこで結局，24日の午後イチに課長のハンコ（印）をもらって，その足で申請書を持っていくことにしたのです。そういう自分の姿であればイメージできると中村さんは言いました。

　ただし，申請書を担当者に持っていくこと自体が中村さんにとって気が重いのだそうです。というのも，一度，この件の申請書が担当部署から断られているからです。なので，もちろん書き直した申請書を持参することになっていますし，「この申請書なら大丈夫」とプロジェクトでも了承されているから，おそらく大丈夫なのですが，それでもやはり「また断られたら嫌だなあ」と不安になってしまい，申請書を持っていく足取りが重くなってしまうのだそうです。そこで，申請書を持っていくときの，具体的には自分のデスクから当該部署までオフィスの廊下を歩いていく間の心持ちについてもイメージしておくことにしました。それが「不安半分と大丈夫半分の心もちで」と表現されています。100パーセント大丈夫とは思えないし，でも不安があまり大きすぎると持っていきづらくなる，なのでその半分をとって不安も半分，大丈夫も半分，ということにしたのです。そういう心持ちで廊下を歩く自分であればイメージできる，ということでした。

■ 原田武夫さんのケース

　原田武夫さんのケースでは，ツール6-1に以下のような問題が外在化されまし

た。

　昨日（11月11日（水））午後6時。リビングでお茶を飲みながら，妻と息子の進路（大学進学）の件について何の気なしに話していたら，妻がいきなり「あなたは息子を思い通りにしようとしている」と言い出した（自分が何を言ったのか記憶にない）。妻に対して「えらそーに！」などといった自動思考が生じ，カッとして「はあ？」という，いただけない反応を思わず返すと，妻が嫌そうな顔をして部屋を出ていったので，「ざけんなよ」と言って後を追ってしまうというさらにいただけない行動を取り，妻を怖がらせてしまった。妻が家を出た後，怒りの収まらない私は，グーで壁を殴ったが，手は痛いし，壁は壊れるし，それを見た妻や息子はもっと私を怖がるし，何もいいことはない。本当は家族で仲良くしたいのに，「仲良く」からさらに遠ざかってしまう。自分の態度や言動が衝動的で，全く制御できていないことが問題だし，自分の意に沿わない妻の反応にいちいち反発する自分は小さすぎると思う。このままだと私は家族に見捨てられてしまう。恐怖。

　それに対してツール6-3では，以下のような目標イメージが外在化されました。

　妻との会話中，次に同じような状況になったら……

・あらかじめカードを作っておく。「自分落ち着け！」「自動思考をそのまま口から出すな！」と書いておく。1日3回はカードを見て，準備をしておく。
・妻の発言にイラっとしたことにいち早く気がつく。顔が火照るのがシグナル。
・心の中で「自分落ち着け！」「自動思考を出すな！」と叫ぶ。
・「ちょっと，トイレ」と言って，その場を去り，トイレに入って座って鍵をかける。
・深呼吸を10回する。イライラが半分以下に収まったら，トイレから出る。妻には「イライラしたからトイレに行った」とだけ告げて，自室に行く。（※妻は私がカウンセリングに行っているので，「なんかやってるんだな」と思ってくれるだろう。）
・半分以下にならなかったら，イライラが半分以下に収まるまで深呼吸をさらに繰り返す。

妻に対して衝動的な行動を取ってしまうという「怒り丸出し問題」を抱える原田さんの場合，妻の言動にイラッとしたりカッとしたりしてから解決を試みるのではちょっと遅すぎます。そもそも，そうならないよう，対策を講じたほうがよいだろうということになり，まず，カードをあらかじめ作っておき（フラッシュカードのようなものですね），毎日３回はそれを見て，準備をしておくことにしました。それが最初の目標イメージです。

　次に重要なのは，自分がイラッとしたりカッとしたりしたことに，早めに気づくことです。気づけずに態度に丸出ししていたのがこれまでで，それが問題となっていたので，とにかく態度に出す前に気がつかなきゃいけない。その際に何をシグナルにすればよいか，ということについて原田さんと話し合ったところ，身体の反応，特に「顔が火照ること」であれば，早めにキャッチしやすいのではないか，ということになりました。

　顔が火照ってきたことをきっかけに，イラッとした自分に気づいたら，とにかく衝動的な行動に出る自分を止める必要があります。そのために何ができそうか，ということを一緒に考えました。まず，心の中で「自分落ち着け！」「自動思考を出すな！」と叫ぶことにしました。声に出して叫んじゃうと，妻を驚かせたり怯えさせたりする恐れがあるので，ここは心の中で全力で叫ぶことにしたのです。そして言葉では「ちょっと，トイレ」とそれこそちょっとだけ言って，そそくさとトイレにこもり，便座に座って鍵をかけてしまいます。いわゆる「タイムアウト」ですね。

　そして深呼吸を10回，ちゃんと数を数えながらします。深呼吸をしながらイライラをモニターして，イライラ度が半分以下におさまっていたら，トイレから出て，妻に対して何も言わないのでは感じが悪いので，「イライラしたからトイレに行った」と告げて，さっさと自室に行きます。これも第二の「タイムアウト」ですね。

　このような原田さんの言動を妻はどう思うだろうかと私が訊くと，少なくとも原田さんが怒りを丸出しするよりはマシで，カウンセリングに行っていることは妻も知っているので（というか，当初，原田さんは妻に言われてカウンセリングを開始したのです），「カウンセリングでイライラしたときの計画を何か立てたん

だな」と思ってくれるだろう，ということでした。

　一方，深呼吸を 10 回してもイライラが半分に収まらなかったら，半分に収まるまで，ひたすら深呼吸を続けることにしました。そして半分以下に収まったら，次の行動（「イライラしたからトイレに行った」と告げて，自室に行く）を取ることにしました。

　原田武夫さんと作成したツール 6-3 については以上です。エビチリのケース，そして今紹介した 3 つのケースを参考にして，皆さんもぜひ，ご自身でツール 6-3 を作成する練習をしてみてください。ポイントは「それをする自分がイメージできるか」という問いでしたね。

§8

ケースフォーミュレーションの流れから
問題解決法を導入してみる④

問題解決法の具体的な手順：ツール 6-4

■**目標達成のための手段の案出（ツール 6-4）について**

　では次に進みます。ツール 6-4 についてです。とはいえ，全てのケースでツール 6-4 に進むわけではありません。ツール 6-3 の目標イメージを眺めてみて，それが相当具体化，明細化されていて，すぐにでも実行できそうであれば，そのまま行動実験に進むことができます。一方，ツール 6-3 の目標イメージに，まだ具体化や明細化の余地がある場合，イメージしてみてもうちょっと細かくいろいろと決めておきたい場合は，ツール 6-4 に進みます。

　ツール 6-4 に進んだ場合は，目標イメージを達成するための手段を，目標を小分けする形で，ブレインストーミング的にあれこれ案出して，外在化します。ツール 6-4 の欄が足りない場合は，白紙などで補ってもよいでしょう。ブレインストーミングですから，案を出す際は，それを評価したり判断したりすることなく，とにかくたくさん出します。そのうえで，それぞれの案を，「効果」と「実行可能性」という観点から，それぞれ 0 ％から 100％の数字で評価します。最終的に効果と実行可能性の高い案を組み合わせて，行動実験のためのシナリオを作り，それをツール 6-5 に外在化していきます。

　それでは，どういうときにツール 6-3 から行動実験に進み，どういうときにツール 6-4 に進むのか，ということを，さきほどのいくつかのケースを用いて解説しましょう。

　まずはエビチリ問題で，このような目標イメージが立てられたとします。

エビチリ問題の目標イメージの例

・ エネルギーと時間を無駄に使うのではなく，今回はお金で解決することにする。「大事なのは自分が料理をすることではなく，約束した料理を明日，自分が持っていくということ」と考える。
・ 明日，A宅に行く前にデパ地下に寄って，●●●（中華専門のテイクアウト店）で，美味しいエビチリをどっさりと買い込み，その後A宅に行く。
・ 「持ち寄りパーティなんだから，ちゃんと自分で作ってこいよ」と軽くとがめられたら，「悪い悪い。今回だけは許してよ！」と軽く謝る。

　これについてはどうでしょうか？　かなり具体的な目標イメージのように感じられるかもしれませんが，よくよく考えると検討の余地があることがわかります。たとえば，以下のような問いが生じます。

・ どこのデパ地下？
・ 何時に家を出て，何時にそのお店に行く？
・ エビチリを何百グラム買う？　予算は？
・ いつ，誰に，どのように，とがめられる可能性がある？
・ 軽く謝るときの態度や口調はどんな感じにする？

　このあたりのことを，ツール6-4を使って，さらに具体的に詰めておくと，より実行しやすい行動実験の計画を立てることができるでしょう。

　では，私（伊藤絵美さん）の原稿問題に対する目標イメージはどうでしょうか？

伊藤絵美さんの目標イメージ

・ PCの「原稿フォルダ」内に新しいフォルダを作る。「●●書評原稿」と名づける。さらにそのフォルダ内にワードのファイルを新たに作る。「●●書評原稿__2000字__伊藤絵美」と名づける。
・ 書評の対象となる本を手に取り，帯を外す。栞がわりのポストイットを1枚取り出し，貼り付ける。「はじめに」「おわりに」「著者紹介」のみ目を通す。今日はそれでよしとする。ここまでで10分程度。気が向いたら，そのまま本の続きを読むが，気が向かなかったらここで終わりにして，ネットを見て遊ぶ。

　これはかなり具体化されており，検討の余地はこれ以上ないと私は判断しました。したがって私はこの目標イメージをそのままツール6-5の実行計画とみなして，行動実験に進みました。

中村貴子さんの「申請書先延ばし問題」の目標イメージについては，どうでしょうか？

中村貴子さんの目標イメージ

---

①24日の午前中までに申請書に肉付けして書き上げる。
　お昼を食べて，やろうと思って，22日の午後から始める。
②午後いちで課長の印をもらって書類を持って行って担当者に渡す。
　不安半分と大丈夫半分の心もちで。

　これはまだ検討の余地がいろいろとあります。そこで私たちはツール6-4に移って，さらに具体化する話し合いを始めました。まず，明日22日の午後から，申請書の肉付けの作業を始めるとして，その前にお昼ご飯を食べることになっています。しかし現在，この申請書問題のせいで，中村さんはご飯があまり食べられなくなっています。「お昼を食べる」というのは，今の中村さんにとって自明のことではないのです。したがって私はまず「お昼ご飯に何を食べますか？」と彼女に尋ねました。中村さんはしばらく「うーん」と考えて，「コンビニに行って，おにぎり1個，お味噌汁，サラダ，ヨーグルトを買ってきて，デスクでそれを食べます」と答えました。「それらを買って，デスクで食べる自分をイメージできるか？」と問うと，できるとのことでした。こんな感じで，ツール6-3の「お昼を食べる」をツール6-4で，さらに「いつ，どこで，何を食べるか？」というふうに具体化していきます。

　もちろんもっと時間があって，もっと検討の余地があれば，お昼ご飯のメニューだけで，ブレインストーミングをしても構いません。コンビニでおにぎりを買うのか，それともサンドウィッチにするのか。カフェに行ってランチを食べるのか。午後の仕事に向けて気合を入れるためステーキを食べるのか。食事が喉を通らないので，ゼリー飲料で済ませるのか。時間があれば，そういう検討をしてもよいのですが，先ほど申し上げた通り，このツール6-3以降を，中村さんと私は12月21日の夜に作成しています。24日の締め切りまでもう時間がありません。そこで今回はお昼ご飯について，ここまでのブレインストーミングはせず，次に進みました。

　ちなみに，この問題解決法について，後々，中村さんにフィードバックをもら

っていますが，彼女はセラピストの私（伊藤）から，「お昼に何を食べるか？」と訊かれたことに，相当なインパクトを感じたと言っていました。早速申請書に取りかかる話から始まると思っていたところ，セラピストが非常に興味深そうにお昼のメニューを訊いてきたことで，「なんだ，そういうことでいいのか？」と良い意味で拍子抜けしたのだそうです。そして実際に何を食べるか具体的に考え始めたところで，何だか楽しくなってきたのだそうです。

　ともあれ，中村さんは，上記のコンビニメニューでお昼ご飯を食べます。食べ終えた時点で「申請書の仕事をやろう」と思います。ここで次の問いが発生します。「やろう」と思って，実際に何をするのか？　もともとある申請書に肉づけするとは，具体的に何をするのか？　といったことを私は彼女に問いました。そこでわかってきたのは，肉付けした申請書を作る前に，もともとの申請書を読んで理解することが不可欠だ，ということです。実は肉付け自体はさほど大変ではないのだそうです。というのも，一度，断られた申請書についてプロジェクトで話し合いがもたれており，そこでどのように肉付けしたらよいのか，ということはすでに話し合われているからです。むしろ，その前段階の，「一度断られた申請書を読んで，理解する」という作業を，中村さんは気が重くて回避し続けていました。なので，肉付けするためにも，すでにあるもともとの申請書を読む必要があるのですが，その読み方をどうするか，ということについて話し合いました。

　ここで2つの選択肢が発生しました。1つはじっくり一度読む，もう1つはざっと何回か目を通す，です。中村さんによれば，もとの申請書をじっくり一度読めば事足りるのですが，どうもその「じっくり読む」に抵抗感があり，気が進まない。そこで，もう一つの選択肢として，「ざっと目を通す」というのを挙げました。「ざっと目を通す」のは「じっくり読む」に比べると，理解度が落ちるため，一度では理解しきれないかもしれませんが，こちらのほうが抵抗感が少ないのだそうです。このあたりの話からも，中村さんがいかにこの申請書の仕事を回避したくなるのか，ということが垣間見られますね。

　申請書を読むか目を通すかした後，何が必要かと問うと，肉付けのために資料を調べないといけないとのことでした。会社に図書室があり，そこにその資料があるのですが，中村さんはその資料を探すことにも困難を感じていました。「何か楽にできることがありますか？」と私が問うと，彼女はしばらく考えて，その

後，パッと表情が明るくなりました。「何を思いつきましたか？」と訊くと，その図書室には管理人さんがいるのだそうです。司書さんのような方でしょうか。その管理人さんに言えば，資料探しを手伝ってくれるだろうとのことでした。少なくとも資料のありかについては一緒に調べてくれるはずだ，と。ではそうしましょう，ということでそれをツール6-4に書き込みました。こうやってツール6-3の目標イメージが続々とさらに具体化されていきます。

　資料が見つかれば，肉付けは簡単にできるということでした。ここでもわかるのは，とりかかってしまえばできる仕事なんだ，ということですね。もとになる申請書に目を通せば，そして肉付けに必要な資料さえ見つかれば，申請書は書けるのです。ツール6-4の作業をするなかで，そのことが明確になってきました。次に考えたのは，肉付けした申請書が書きあがった後のことです。締め切り日の24日の昼頃までには書きあがるだろうということでした。書きあがったら，まずは課長に印をもらいに行く必要があります。中村さんによれば，ギリギリであれ締め切りまでに申請書を書けたのだから，そして申請書それ自体はそもそも課長の指示によるものだから，ハンコを押してくれないということは考えられないと。ただし，あまりにもギリギリすぎ，若干課長のところに行きづらいので，どういう心もちで課長のところに行くのか，ということは考えておきたいということでした。持っていけば，もしかしたら「ずいぶんギリギリだね」といった嫌味ぐらいは言われるかもしれませんが，申請書自体についてはざっと目を通して「わかった」と言って印を押してくれるだろうということが予想されたので，あらかじめその予想を抱きながら，「遅くなってすみません」と一応謝りつつ印をもらうことにしました。中村さんによれば，そういう自分と課長であればイメージできるということでした。

　この申請書をめぐる最後の大仕事は，申請書を出す相手方の部署まで出向いて，相手方の担当者に申請書を手渡し，受け取ってもらうということです。ツール6-3の目標イメージにも，「不安半分と大丈夫半分の心もちで」と書きましたが，やはり一度断られている申請書なので，先方まで出向いてそれを再度渡すことに対して，中村さんは抵抗を感じているのです。それもあって先延ばしが生じているのでしょう。ですから，席を立って，オフィスの廊下を歩いて，相手方の部署まで出向き，担当者に申請書を渡すまでの自分の姿や行動や心もちを，もうちょっと具体的に決めておきたい，ということになりました。この段階では，廊下を歩く

ときの心もちとしては，ツール6-3に書いたものをさらに発展させ，「半分大丈夫だから大丈夫，と思いながら担当者のところへ行く」ということにしました。そういう自分の姿であればイメージできるので大丈夫，とのことでした。そして担当者のところにたどり着いたら，まず「お忙しいところすみません」と声をかけて振り向いてもらったら，締め切りギリギリの申請書なので，「遅くなってすみません」と言って申請書を手渡す，というシナリオを考えました。まあ，こういうふうに言えば，受け取ってもらえるだろう，と予想しました。

　中村さんと作成したツール6を以下の図8-1に示します。この時点で21日の中村さんとのセッションの時間が，残り僅かとなりました。24日締め切りの申請書について，これ以上セッションを使って計画を立てることはできないので，急いでツール6-4の各項目について，「効果」と「実行可能性」について評価し，さらにツール6-5まで進みました。ツール6-5では，ツール6-3，6-4に基づいて行動実験のための実行計画を立てるのですが，中村さんの場合，ツール6-4で具体化された計画のほとんどが実行計画としてそのまま使えるだろうということになりました。唯一，申請書を「じっくり読む」か「ざっと目を通す」かについては，バッティングしていますので，どちらを取るか，という話になりました。「じっくり読む」ほうは効果は高いのですが，実行可能性が低く，「ざっと目を通す」は効果が少し劣るのですが，実行可能性が高いということで，後者を選ぶことにしました。また先方の担当者にどうやって声をかけるか，ということについては，中村さん自身，もうちょっとしっくりくるシナリオを考えてみたいという話になりました。そういうわけで，時間があまりないなかで，ツール6-5の実行計画の欄には，シンプルに，「1，3，4，5，6を実行する。7については，もう少しセリフを考えてみて，実行する」というように書き込みました。

　あとは，22日と24日に中村さん自身にこのツール6に基づいて行動実験をしてもらうばかりです。次のセッションでは，行動実験の結果について詳細に報告してもらうことになるでしょう。

　それでは「怒り丸出し問題」を抱える原田武夫さんが立てた目標イメージについて検討してみましょう。原田さんの目標イメージは以下の通りでしたね。

12月21日
2004 年 12 月 14 日（火 曜日）

問題解決ワークシート：対処可能な課題を設定し、行動実験をしてみよう

氏名：●●●●　様

1. 問題状況を具体的に把握する（自分、人間関係、出来事、状況、その他）

・申請書を他部署に持っていかなくてはいけない（12/24）
・断れたらイヤだと思って書類が書けない
・書けないことによって、ツールの悪循環にはまっている
・愚痴ばっかりの TV を見ても落ちこんだ気分が変わらない。

2. 問題解決に向けて、自分の考えをととのえる

① まずていねいに、何らかの問題は生じるもの。問題があること自体を受け入れよう。
② 原因を一つに決めつけず、さまざまな要因を見つけてみよう。
③ 問題を「悩む」のではなく、「何らかの解決を試みるべき状況」ととらえてみよう。
④ 大きな問題は小分けにしてみよう。小さな問題に分解して、突破口を見つけよう。
⑤ 「解決できるか」ではなく、「対処できそうなこと」「できないこと」を見極めよう。
⑥ できることから手をつけよう。「実験」としてチャレンジしてみよう。
⑦ どんなことを自分に言うだろうか？ 良いころを下欄に記入してみよう

本当に全部私が悪いのかな？ もう一回考えてみよう

3. 問題状況が解決または改善された状況を具体的にイメージする

① 24 日の午前中までに申請書に肉付けして書き上げる。お昼をたべて、やろうと思って、22 日の午後からはじめる
② 午後いちで課長の印をもらって もっていって担当者にわたす 大丈夫半分 と 不安半分

備考：

4. 問題の解決・改善のための具体的な手段を案出し、検討する

	効果的か	実行可能か
1. おにぎり1つ、サラダ、みそ汁 ヨーグルトを昼に食べ、やろうと思う	(90 %)	(98 %)
2. もとになる申請書を出して読む	(95 %)	(30 %)
3. 申請書に1回の目を通す	(70 %)	(80 %)
4. 管理人に資料のありかを教えてもらう	(90 %)	(100 %)
5. 課長はわかったといって印を押してくれるだろうと思いながら、遅くなってすみませんと書類を渡す。	(90 %)	(90 %)
6. 半分大丈夫だから大丈夫、と思いながら 担当者のところへ行く	(50 %)	(80 %)
7. 「おそい所がすみません」といって ふり向いてもらったら 深くなってすみませんと言う	(80 %)	(75 %)

5. 行動実験のための具体的な実行計画を立てる

1、3、4、5、6を実行する。
7については、もうりしセリフを考えてみて、実行する。

※以下のポイントを盛り込んだ計画を立てます ●何を ●どうする ●実行をどうする ●実行を妨げる要因とその対策は ●いつ ●どこで ●どんなとき ●確認・誰に対して ●確認の仕方 ●結果の検証の仕方

copyright 流災ストレスラーニング・サポートオフィス

図 8-1　中村さんと作成したツール 6

原田武夫さんの目標イメージ

- 妻との会話中，同じような状況になったら……。
- あらかじめカードを作っておく。「自分落ち着け！」「自動思考をそのまま口から出すな！」と書いておく。1日3回はカードを見て，準備をしておく。
- 妻の発言にイラッとしたことにいち早く気がつく。顔が火照るのがシグナル。
- 心の中で「自分落ち着け！」「自動思考を出すな！」と叫ぶ。
- 「ちょっと，トイレ」と言って，その場を去り，トイレに入って座って鍵をかける。
- 深呼吸を10回する。イライラが半分以下におさまったら，トイレから出る。妻には「イライラしたからトイレに行った」とだけ告げて，自室に行く（妻は私がカウンセリングに行っているので，「なんかやってるんだな」と思ってくれるだろう）。
- 半分以下にならなかったら，イライラが半分以下におさまるまで深呼吸をさらに繰り返す。

ツール6-3に記入されたこれらの目標イメージは，かなり具体的です。原田さんと一緒に検討してみたところ，「これ以上具体化する余地はない。このまま実行できそうだ」ということになったので，さきほどの私（伊藤絵美さん）と同じく，ツール6-4以降に進むことなく，これをこのまま行動実験に移すことで合意されました。

■ Aさんのケース

ここでは別の事例を使って，ツール6-4についてもう少し見てみましょう。これは拙著『事例で学ぶ認知行動療法』（誠信書房）という本で紹介した，気分変調症（気分変調性障害）の事例です。30代の男性で，回避傾向が顕著で，アルバイトをしたり，辞めてひきこもったり，という生活をもう10何年も続けていました。その彼と作成したツール6を以下に挙げます（図8-2）。

ここで扱ったのは「シャンプーが買えない問題」でした。シャンプーが切れており，ドラッグストアでシャンプーを買いたいのに，タイミングを逃したり，「めんどくさい」と感じたりして，なかなか買いに行けないのです。そしてシャンプーが切れていて頭を洗えないから，入浴もしづらくなってしまっています。これが問題（ツール6-1）でした。

そこにツール6-2の規範的な認知をあてはめてみて，Aさん（仮にクライアントをAさんとしましょう）は納得しました。さらにAさんは，オリジナルな認知

ツール6　問題解決シート
クライアントID：＿＿＿＿●●●●

●●●●年　●●月　●●日（●曜日）　　　　問題解決ワークシート：対処可能な課題を設定し、行動実験をしてみよう　　　　氏名：Bさん

1. 問題状況を具体的に把握する（自分、人間関係、出来事、状況、その他）

前日「明日、ドラッグストアに行ってシャンプーを買おう」と予定していた。しかし今朝起きたら昼の12時を過ぎていて、ぐずぐずしているうちに夕方になり、シャンプーのことを思い出して「外出するのがめんどくさい」「行きたくない」と思う。気が重く、めんどくさい気分。迷っているうちにますます行きたくないと思い、ますますめんどうになり、まずます身体が重くなり、家でだらだらしてしまう。シャンプーが切れているので、入浴できない。

2. 問題解決に向けて、自分の考えをととのえる

☐ 生きていれば、何らかの問題は生じるものだ。問題があること自体を受け付けよう。
☐ 原因を一つに決めつけず、さまざまな要因を見つけてみよう。
☐ 問題を「悩む」のではなく、「何らかの解決を試みるべき状況」ととらえてみよう。
☐ 大きな問題は小分けにしてみよう。小さな問題に細分して、突破口を見つけよう。
☐ 「解決できるか」ではなく、「対処できそうなこと」「できないこと」を見極めよう。
☐ できることから手をつけよう。「実験」としてチャレンジしてみよう。
☐ どんなことでも自分に言って、良いだろうか？下欄に記入しよう。

> 「気分にまどわされないとしたらどうなるか。自分が一番よくわかっているはずだ」何か行動を起こそう。

3. 問題状況及び解決さまたは改善された状況を具体的にイメージする

「めんどくさいのがある」と思いつつ、「気分にまどわされないぞ」と唱えながら、ジーンズに着替えて、顔を軽く洗って、2000円用意して、玄関に行く。サンダルをはいて、とりあえず外に出て、ドラッグストアの方向に歩き出す。そのまま歩いて10分ほどでドラッグストアに到着する。いつものシャンプーとあとなにか必要なものを買って備蓄する。

4. 問題の解決・改善のための具体的な手段を案出し、検討する

	効果的か	実行可能か
1. 問題の時点で「シャンプーを買おう、気分にまどわされないぞ」と書いたポストイットを持っておく。	(70 %)	(90 %)
2. 時計を見て、「シャンプーを買いに行こう」と思い、めんどくさが出てきたら、それを自覚する。	(60 %)	(100 %)
3. 外出して歩き出すまでをずっと「気分にまどわされない」と声に出して唱えながらやる。	(90 %)	(90 %)
4. スウェットを着替え、シャンプーにはメモ書き、引き出しから2000円取り出してポケットに入れる。	(90 %)	(90 %)
5. 外出気分を高めるために帽子をかぶる。玄関で大きめの声で「行ってきます」と言って、石足→左足の順にサンダルをはく。	(100 %)	(100 %)
6. 玄関のドアを開け、すばやく家を出て、鍵をかける。	(90 %)	(80 %)
7. ドラッグストアの方向に、100歩まで数えながら進む。	(90 %)	(90 %)

5. 行動実験のための具体的な実行計画を立てる

「シャンプーを明日買おう」と決めたときなどに、「シャンプーを買おう、気分にまどわされない」とポストイットに書いて、部屋の見やすいところに貼り、時計を見るときに毎回確認する。当日、時計を見るたびに「シャンプーを買いに行こう」と声に出して言い、めんどくさい感じが出てきたら「気にとめておく」と自分に言う。そして「気分にまどわされないぞ」と唱えながらスウェットを脱ぎ、ジーンズに着替える。帽子をかぶり、財布から2000円取り出して声に出して言って、右足→左足の順にサンダルをはいて、玄関のドアを開ける、すばやく家を出て鍵をかける。ドラッグストアまでの間、100歩まで数えながら歩き続ける。

※以下のポイントを盛り込んだ計画を立てます　●いつ　●どこで　●どんなとき　●誰と　●誰に対して　●何をどうする　●実行を妨げる要因とその対処法　●結果の確認の仕方

『事例で学ぶ認知行動療法』（伊藤絵美、誠信書房）

図 8-2　気分変調症のクライアントと作成したツール6の例

備考：

として、「気分にだまされないぞ」「だらだらしてこのまま家にいるとどうなるか、自分が一番よくわかっているはずだ」「何か行動を起こそう」という3つを外在化しました。どれも、自らの抱える気分変調症の正体をよく理解していることがわかる文言です。「めんどくさい，やる気がない」という認知や気分にとらわれて行動を起こさないことによって、いつまでも気分が改善されないし、やる気が出ない、という悪循環にはまってしまうのが、気分変調症の正体です。

　そこでAさんは、目標イメージを設定ました。それがツール6-3です。それを以下に挙げます。

　「めんどくさいなあ」と思いつつ、「気分にだまされないぞ」と唱えながら、ジーンズにはきかえて、顔を軽く洗って、2,000円持って玄関に行く。サンダルをはいて、とりあえず外に出て、ドラッグストアの方向に歩き出す。そのまま歩いて10分するとドラッグストアに到達する。いつものシャンプーとあと何か必要なものを買って帰宅する。

　どうでしょうか。かなり具体的な感じがしますよね。しかしAさん的には、これだとまだ弱い、このまま行動実験に移すには抵抗感がまだある、特に動き出し、すなわち出かける決心をして着替えて家を出るところまでを、もっと具体的に考える必要があるということで、そこを中心にツール6-4で検討することにしました。

　ツール6-4に挙げられた、目標イメージを達成する具体的な手段を以下に挙げます。

①部屋の時計に「シャンプーを買おう。気分にだまされないぞ」と書いたポストイットを貼っておく。
②時計を見て、「シャンプーを買おう」と思い、めんどくささが出てきたらそれを自覚する。
③外に出て歩き出すまでは、「気分にだまされないぞ」と声に出して唱えつづけ、自分に言い聞かせる。
④スウェットを脱ぎ、ジーンズにはきかえ、引き出しから2,000円取り出して、ポケットに入れる。

⑤外出気分を高めるために帽子をかぶる。

⑥玄関で大きめの声で「行ってきます」と言って，右足→左足の順にサンダルをはく。

⑦玄関のドアをあけ，すばやく家を出て，鍵をかけ，ドラッグストアの方向に100歩まで数えながら進む。

　「気分に騙されずに，自分はシャンプーを買いに出かけるんだ！」と自分に言い聞かせつつ，なんとか着替えて，外出するところまで自分を持っていくための手段が，ここでは挙げられています。どの手段も「効果」にも「実行可能性」にも高い数字がついています。特にどちらも100パーセントの数字がついたのが，「外出気分を高めるために帽子をかぶる」でした。これはちょっとした手段ですが，妙案です。家のなかで帽子をかぶる人って少ないですよね。つまり「帽子をかぶる」というのは外出の合図になるんです。「外出するぞ」と気合いを入れるだけでなく，帽子をかぶるという行動を取ることによって，外出気分を高めることができるのです。さらに彼はどうしてシャンプーを買うための外出がしづらかったかというと，「シャンプーが切れていて，頭が汚いから」なんです。「シャンプーを買えないから，シャンプーを買うための行動が取れない」というおかしな悪循環にはまっていたのですね。しかし帽子をかぶれば，頭の汚さをごまかせます！　そういう意味でも，この「帽子をかぶる」という手段は妙案でした。そしてこのとき，家に他の人がいてもいなくても，声を出して「行ってきます」と言ってしまうことにしました。これも重要で，「行ってきます」と言ってしまえば，やはり「行ってきます」の気分になってしまうのですよね。そして実際に家を出て，ドラッグストアに向かって100歩，歩みを進めてしまえば，もう引き返すことはないだろう，ということで，そこまでを手段としてツール6-4に書き込みました。

　Aさんはツール6-3の段階では，「目標イメージとして，それをする自分がイメージできますが，本当に実行するにはもうちょっと具体的な手段が欲しい」と考え，ツール6-4に進んだのですが，ツール6-4を作成した段階では，「これだったらできそうだ。シャンプーを買いに外出する自分がありありとイメージできる」ということでした。そこでツール6-3，6-4に基づいて，行動実験のための実行計画（つまりツール6-5）の作成に入ることにしたのです。

§9

ケースフォーミュレーションの流れから
問題解決法を導入してみる⑤

問題解決法の具体的な手順：ツール 6-5

■解決策のシナリオ作りと行動実験（ツール 6-5）について

　そういうわけで，ラストのツール 6-5 の話に進みましょう。ここに行動実験のためのシナリオを記入しますが，ツール 6-3 をそのまま実行に移せる，という場合はツール 6-3 をシナリオとしてそのまま使います。私（伊藤絵美さん）や原田武夫さんのケースがそうです。一方で，ツール 6-4 まで進んだ場合は，ツール 6-3 や 6-4 を受けて，ここにシナリオを改めて記入します。すでに紹介した中村貴子さんの場合は，時間がなかったこともあって，ずいぶんと簡易な書き方をツール 6-5 ではしていました。一方，「シャンプー問題」の A さんの場合は，次のような文言をツール 6-5 に記載しました。

　「シャンプーを買おう」と決めたときにすぐ，「シャンプーを買おう。気分にだまさないぞ」とポストイットに書いて，部屋の時計に貼り付け，時計を見るときに毎回意識する。当日午後 3 時をすぎたら，「シャンプーを買いにいこう」と声に出して言い，めんどくさい気分を，「あ，今，めんどくさくなっているなあ」とそのまま感じ，次に「気分にだまされないぞ」と声に出して自分に言う。そして「気分にだまされないぞ」と唱えながらスウェットを脱ぎ，ジーンズをはき，机の引き出しから 2,000 円取り出してポケットに入れる。次に「気分にだまされないぞ。俺は外出するんだ」と 1 度唱えて，帽子をかぶる。玄関まで進み，母親がいれば母親に，いなければ自分に「行ってきます」とはっきりと言って，右足→左足の順にサンダルをはき，「気分にだまされないで外出するぞ」と声に出して言って，玄関のドアをあけ，すばやく家を出て，鍵をかけ，ドラッグストアの方向に 100 歩まで数えながら歩き続ける。

こんなふうに，ツール6-5には，5W1Hを駆使して極力具体的な計画を記載します。ここまで具体化されると，クライアント自身も「やってみたいな」「早く試してみたいな」という気持ちになるものです。このように「思わずやってみたくなるような計画」を立てられるといいですね。

　必要があれば，計画の妨げとなり得る事象を予測し，それをどう乗り越えるか，についても具体的に計画しておくとよいでしょう。上記の「シャンプー問題」であれば，たとえば雨が降っていたらどうするか，といった事象です。さらに，実行計画を実施するときにできそうな工夫を加えることができます。たとえばツール6を複数枚コピーして家族にも渡して，行動実験に協力してもらうとか，ツール6を自室のデスクに貼って目に入りやすいようにしておくとか，そういった工夫です。

　そして何よりも重要なのは，ツール6が完成して満足して終わるのではなく，これを行動実験として実生活で実践することです。実験ですから，「やってみて結果を出す」ということが最も重要で，「よい結果を出すこと」は主目的ではありません。望ましい結果であれ，そうでない結果であれ，実験してみて結果を出すことが最重要で，そのためのフィールドを持っているのは当事者であるクライアントただ一人です。大げさでなく世界中でそのクライアントただ一人なんです。セラピストはクライアントにこのことを告げて，「この問題解決について行動実験できるのは，あなただけです。私は代わりにそれをすることができません。ぜひ次回までに行動実験をしてみて，とにかく結果を出して検証しましょう。そしてそれを次回共有しましょう。頑張ってくださいね！」というように，ここでは盛大に励まします。そして実際，次のセッションで，結果を詳細に検討します。

　次のセッションで行動実験の結果を共有する際は，極力具体的かつ詳細に，というのがポイントです。中村貴子さんのケースであれば，次のセッションで私はたとえば次のような質問をするでしょう。「お昼ご飯何時に食べた？」「おにぎりの具は何にしたの？　梅干し？　鮭？　明太子マヨネーズ？」「図書室の管理人さんに何と言ってお願いしたの？」「印をもらうとき，課長は何て言った？」「先方の担当者は，どういうふうに申請書を受け取ってくれたの？」。「シャンプー問題」のAさんであれば，次のセッションでこのように問うでしょう。「『気分にだまされないぞ』と自分に言ってみて，どうだった？　どう思った？」「どういう帽

子をかぶったの？」「サンダルは計画通り，右→左の順番ではけた？」「どんなふうに『行ってきます』と言ったの？　ちょっと実演してみせて」「100歩，歩いたら，どこまで進めた？」「買ったシャンプーの銘柄は？」

　こんなふうに，事細かに問い，事細かに報告してもらいます。これだけしっかりと計画した行動実験のシナリオですから，あっさりと結果を共有するのではもったいない。もう，根掘り葉掘り聞くのです。結果については口頭で報告してもらうのでもよいですが，何らかの形で記録を取ってきてもらえるとよいでしょう。結果をメモしてもらってもよいですし，可能であれば録音データを取るとか（原田武夫さんのケースは録音がうってつけです），写真を撮ってきてもらうとか（「片づけ」に関する問題解決の場合，写真がうってつけです），そういうこともできます。

　そして結果を共有するときに，もう一つ重要なのは，それがどんな結果であれ，「そこから何がわかったか」ということを検討することです。これは認知心理学とか教育心理学では「教訓帰納」と呼ばれますが，何からの問題解決の結果が出たら，そこからわかること（教訓）を導き出す（帰納）のです。それによって結果が単なる結果ではなく，そこからさらに学びを引き出すことができる「教材」として機能します。たとえ，予想とは異なるネガティブな結果が出たとしても，そこから教訓を帰納することは可能です。そしてもう一度，問題解決法をやり直せばよいのです。ネガティブな結果とはいえ，それは行動実験しなければ絶対にわからなかったことです。「あなたが行動実験をしてくれたから，こういう結果が出るということがわかったわけで，それ自体にとても価値がある。この結果から何がわかるか，一緒に検討しましょう。そしてもう一度，同じ問題に対して別の角度から問題解決を試みてみましょう」と働きかけます。

　もちろんポジティブな結果が出たら，それはクライアントの取り組みの成果として，大いに喜べばいいと思いますが，一番価値を置くべきなのは，「問題解決の結果」ではなく，「問題解決法を通じて問題解決にトライした」という事実です。ですからネガティブな結果が出たらクライアントはがっかりするかもしれませんが，セラピストまで一緒にがっかりする必要はありません。望ましい結果が得られなかった場合は，先ほども申しましたが，もう一度問題解決法をトライすればいいだけです。ツール6-4で別の手段を出してもよい。ツール6-3で別の目標イ

メージを設定してもよい。ツール6-1までさかのぼって問題を別の角度から表現
し直してもよい。いくらでもやり直しが可能です。そして私が思うに，実は，こ
のやり直しこそが大事なのではないでしょうか。「うまくいかないから問題解決を
やめた」というのではなく，「うまくいかないからこそ粘り強くあの手この手で問
題解決を試みよう」という構えが育つのです。それによって，問題が発生したと
きに，回避するのでも衝動的に何かをするのでもなく，粘り強く腰を据えてそれ
に取り組むことができるようになります。それが問題解決法という技法の最も大
きな成果だと思います。

　ただし問題に対してやみくもに何かすればよいというわけではなく，「あえて保
留にして様子を見る」「あえて問題に手をつけず回避する」というソリューション
も，それが問題解決法を通じて主体的かつ戦略的な選択であれば「あり」です。
単に「何かをする」ことだけがソリューションではなく，「あえて何かをしない」
という選択もあり得るということを覚えておいてください。

§10

問題解決法の展開

■今後の展開

　一通り問題解決法に取り組んだ後に，どのように展開すればよいでしょうか。これは他の技法と全く同じで，まずはセッションでの協同作業をメインとして，3クールほどがっつりと一緒に取り組むとよいでしょう。セッションでしっかりとツール6に取り組み，ホームワークで行動実験をしてもらう，ということを3回ほど繰り返すのです。それでクライアントが問題解決のやり方に充分慣れたら，ホームワークをメインとして，クライアント自身にツール6に取り組み，行動実験まで自力でやってもらい，セッションでその報告をしてもらいます。それも何度か繰り返してもらう。このように，最初はセッションメインで，途中からホームワークメインで問題解決法を繰り返すことによって，問題解決法の考え方と方法がクライアントに定着し，内在化されます。

　その後もセッションが続く限り，つまり終結までずっと，問題解決法をホームワークとして出し続け，日常生活で主体的に取り組んでもらい，セッションで報告してもらうことを継続します。そうすると，日常生活で遭遇する大小さまざまな問題を，自然と問題解決法を使って乗り切れるようになります。これが問題解決法という技法の最終目標です。回避でもなく，衝動的にもならず，日々のさまざまな問題に対して，それを落ち着いて定義し（ツール6-1），適応的な認知を適用し（ツール6-2），達成可能な目標をイメージし（ツール6-3），それを達成する手段を考え（ツール6-4），行動実験のシナリオを立て（ツール6-5），実際に行動実験を行い結果を検証する，ということを，さらりとできるようになれば，問題解決法という技法を導入した目的がしっかりと果たされた，ということになります。そして実際に皆さん，そのように変化していきます。受け身だったクライアントが，びっくりするぐらい主体的になっていくのです。

そうなると，セッションでのクライアントの言動も変化してきます。以前は「こういう問題があるが，どうすればよいか？」とセラピストに問うていたクライアントが，「こういう問題があったので，こう考えて，こう解決しようとしてみたら，こうなった」と報告してくれるようになります。つまり問題の共有ではなく，問題解決の報告へと変化するのです。その変化をもってして，私のほうでも，「このクライアントさんには問題解決法が定着したな」と判断しますし，そのことをすかさず伝えて称賛します。

　さらに興味深いのが，クライアントの中には，「生活や仕事のなかで，『あ，これ，問題解決法が使えるな』と思うと，ツール6のイメージが頭に浮かびます。そこで，頭のなかのツール6と対話するような感じで問題を表現し，認知を整え，目標イメージを作って，問題解決をしています」といったことを言う人がいます。ツール6自体が内在化されて，その内在化されたイメージに導かれるようにして，問題解決を実践しているというのです。これは問題解決法の考え方と方法が，ツール6のイメージとして，完全に内在化されスキーマ化されたことを意味しています。ここまでくると，クライアントは問題解決法を自らのスキルとして，今後ずっと使い続けることができるでしょう。本当に素晴らしいことだと思います。

§11

質疑応答

■ 皆さんからの質問

　では，質疑応答に入ります。皆さんからの質問を読み上げてから，私のほうで回答いたします。

◇質問：認知的なことをあれこれ深く考えることが苦手なクライアントの場合，目標の具体化はこちらでお手伝いして問題解決法を行うほうがよいのでしょうか？

　◆回答：「目標の具体化」って，別に認知的に深く考えるということではなくて，むしろ生活の中で今まで取っていた行動を変えてみるということなので，「どういうことをしてみたいか？」と問うていきます。つまり「認知的なことをあれこれ考える」というより「自分の行動についてあれこれ考える」ということなので，やはり本人に「自分はどうしたいのか」「どうするとよいと思うか」ということをイメージしてもらって，目標を具体化するのがよいのではないでしょうか。もちろんセラピストは側面からお手伝いしますが，主体はあくまでクライアントです。

◇質問：認知再構成法ではなく問題解決法に取り組む場合も，ツール1（アセスメント）とツール2（ケースフォーミュレーション）を実施するという理解で合っていますか？

　◆回答：セラピーとしてしっかりと認知行動療法をするのであれば，アセスメントやケースフォーミュレーションの結果として，認知再構成法や問題解決法という技法を選択するという流れになるかと思います。つまり，ツール1やツール2を実施します。一方で，スキルトレーニングとして問題解決法を単体で扱う場合は，ツール1や2を実施せずに，ツール6のみを扱う，ということもあり得ます。

◇質問：支援で関わっている方が不安になると大きな問題を訴えることが多く，なかなか小分けにできません。

　◆回答：これは問題解決法というより，むしろアセスメントでまず取り扱う話だと思います。もし不安が主訴だとしたら，生活の中で不安についてモニタリングしてもらい，いつ，どこで，何について，どんなふうに不安になったのか，具体化していきます。最初は「とにかく不安だ」「漠然とした不安がある」という大きな主訴だったものが，モニタリングして具体化していくうちに，不安そのものが小分けになり，主訴が具体的になっていくことはよくあることです。

◇質問：外在化することの重要性を教えていただきましたが，問題解決法の結果の報告も外在化するのでしょうか？　その場合，どのように外在化するのか教えてください。

　◆回答：問題解決法の結果を外在化するフォーマットは特に作っていませんが，結果の外在化それ自体は重要です。ツール6の下の備考欄に行動実験の結果を書いてきてもらったり，問題解決日記のような形で書いてきてもらったり，あるいは写真を撮ってきてもらったり，いろいろです。書くのが苦手な方の場合，口頭で報告してもらい，私が面接記録用紙にそれを書き留める場合もあります。結果報告用のフォーマットを作ってもいいかもしれませんね。

◇質問：クライアントが目標をイメージできると主張しても，セラピストとしては難しそうと見立てている場合，クライアントの主張とセラピストの見立てのどちらを優先するべきでしょうか？

　◆回答：クライアントが解決策を具体的にイメージできるという場合，基本，私はそれを信じます。ただ，単に「イメージできますか？」「できます」で終わりにするのではなく，クライアントにイメージについて語ってもらって共有します。語っていく中で，さらに具体的になることもよくあります。また「ここのところはどうするの？」という疑問がセラピスト側に浮かべば，それはそのまま質問します。つまり「クライアントの主張」か「セラピストの見立てか」という二者択一ではなく，両者で対話をしながら一緒にイメージを作り，共有したりすり合わせしたりしていくような感じでし

ようか。

◇質問：改めて教えていただきたいのですが，認知再構成法と問題解決法が適している ケースはどのようなケースでしょうか？

　◆回答：これについてはそれぞれのワークショップで私が具体的かつ詳細に 語っていることですので，復習していただけますでしょうか。いずれにせ よ，認知行動療法のプロセスにおいてケースフォーミュレーションをする なかで，「この治療目標を達成するには認知再構成法が適しているのでは なかろうか」とか，「この治療目標には問題解決法がもっとも適している のではなかろうか」という仮説を立てて，これらの技法を導入していきま す。なので初めから「このケースには認知再構成法（問題解決法）が適し ている」と判断することはあり得ません。ケースフォーミュレーションの 一環として立てられた治療目標が認知寄りであれば認知再構成法が選択さ れる可能性が高まりますし，行動寄りであれば問題解決法が選択される可 能性が高まります。またクライアントの好みもありますね。クライアント が認知を動かしていくほうに興味があれば認知再構成法が選ばれるでしょ うし，行動を動かしていく方を好めば問題解決法が選ばれるかもしれませ ん。一方，発想を逆転させて，「認知を好むクライアントだからこそ，あえ て行動に焦点を当てる問題解決法を学ぶことに意味があるかもしれない」 「行動的なことを考えることが得意なクライアントだからこそ，ここはあ えて認知的なことに焦点を当てるのも新鮮で面白いかもしれない」という 考え方も「あり」です。大事なのは，こういったことをセラピストが一人 で考えるのではなく，クライアントと共有し，一緒に話し合って決めてい く，ということです。

◇質問：技法の選択はクライアント主導で行うのですか？

　◆回答：どちらかが主導するというよりは，協同で決めていきます。まずセ ラピストが技法の提案をし，次にクライアントが選択をするのをセラピス トが手助けするようなイメージです。

◇質問：どうすれば技法の選択がスムースにできますか？

　◆回答：技法の選択についての質問が続きますが，すみません，今日は，問 題解決法という技法を選択したという前提で，問題解決法についてレクチ

ャーするワークショップなので，技法の選択については別途ケースフォーミュレーションのワークショップに出ていただくか，拙著『認知行動療法カウンセリング実践ワークショップ——CBT の効果的な始め方とケースフォーミュレーションの実際』（星和書店）をお読みいただくかしてもらいたいと思います。宣伝っぽくて恐縮です。

◇質問：ツール 6-2 の認知のところは，何か別紙を使ってレクチャーしたりするのでしょうか？

　◆回答：私は特に別紙は使っていません。問題解決法についてはツール 6 一枚で完結させたいからです。問題解決法に入ったら，クライアントにこのツール 6 を 1 枚渡してしまいます。そしてツール 6-1 で問題を外在化したら，次にツール 6-2 の認知のところに入り，さきほどこのワークショップでしたような解説をクライアントにもくどくどとします。その際，クライアントに「これらの認知について結構詳しく解説するので，大事だなと思ったことは，ツール 6 の余白にでもメモを取っておいてくださいね」と言っています。そして実際，クライアントは私の解説を聞きながらツール 6 の余白にいろいろ書き留めてくれています。

◇質問：問題解決法を行う中で，出てくる解決策が，どうしてもいわゆるいい子ちゃん的なものになってしまう方がいます。ご自身でもそのいい子ちゃんの方法ではつらいとおっしゃっているのですが，「人に迷惑をかけたくない」「自分が我慢すればいいんだ」という考えがなかなか抜けきらないようです。

　◆回答：これは問題解決の行動レベルの話ではなく，認知レベル，特にスキーマレベルの話ではないでしょうか。もしその方が，いい子ちゃんから抜け出したいのに，「人に迷惑をかけたくない」「自分が我慢すればいいんだ」というスキーマ的な認知が邪魔をしてくるというのであれば，問題解決法ではなく認知再構成法を行う方がよいかもしれません。

◇質問：ツール 6-3 の部分が難しいと思います。

　◆回答：難しくないですよ。さきほどエビチリ問題について，皆さんでツール 6-3 の作業に取り組んでもらいましたが，難しかったでしょうか？　皆さん，どんどん目標イメージを出してくださいましたよね。それは，ツール 6-1，6-2 ときちんと段階を踏んだからです。ツール 6-1 で問題を具体

的に表現する。ツール6-2で認知を整える。それを経てのツール6-3ですから，スムースに取り組めるのです。いきなりツール6-3で「目標をイメージしましょう」と言われたら難しいかもしれませんが，ケースフォーミュレーションを通じて問題解決法に取り組みましょうと合意される，そして問題解決法に入ったらツール6-1，6-2と，きちんとステップを踏む，という流れのうえでのツール6-3であれば，ちっとも難しくありません。

◇質問：問題解決法をする以前の話として，アセスメントやケースフォーミュレーションが大切だと思いましたが，そのような理解で合っていますか？

　◆回答：合っています。本当にその通りだと思います。的確にご理解くださりありがとうございます。

◇質問：メンタルの状態が悪くて認知的な処理が雑になってしまっているとき，雑になっていると自分で気がついたときの立て直し方としては，どのような手段があるでしょうか？　特に認知再構成法や問題解決法がうまくいかないと感じたときは，それらの手段を使っていくことになるのでしょうか？

　◆回答：心身の状態が悪く，認知的な処理能力が非常に落ちて，処理が雑になってしまっているときは，おっしゃる通り，認知再構成法や問題解決法に取り組むのは難しいでしょう。認知行動療法の文脈では，そのような状態に対しては，むしろコーピングとかマインドフルネスといった手法を用いて，何かを変えていくのではなく，もうちょっと心の余裕を増やすことを目指すようなアプローチが望ましいのではないかと思います。もうちょっと言えば，そういう状態のときは，認知行動療法どころではなく，たとえば睡眠をしっかり取るとか，規則正しい生活を送るとか，そういうレベルでの調整がまず必要かもしれませんね。

◇質問：ツール6-4で，具体的な手段のイメージがたくさん出過ぎることによって，かえって行動を起こすことが難しくなる場合があるのではないでしょうか？

　◆回答：そういうことはありません。たくさんアイデアが出ることはよいことです。ブレインストーミングでもそれを目指しますよね。あれこれアイデアが出すのは，そもそも楽しいものです。「最終的に何を選ぶかは置いておいて，たくさん考えようよ！」と，たくさん出ることをむしろ歓迎す

るような雰囲気で，ツール6-4の作業ができるといいと思います。そして最終的にはそこからチョイスして，ツール6-5でシナリオを一つ，作ります。最終的には一つのシナリオに収束させ，それに基づいて行動を起こすのですから，行動を起こすのが難しいということにはなりようがありません。

◇質問：ツール6-2でせっかく認知を丁寧に取り上げたのにもかかわらず，それらの認知をうまく利用しきれていないと思うことが多いです。どうすればいいでしょうか？

　　◆回答：しつこく入れていくことが必要だと思います。一度，丁寧に取り上げただけで，クライアントにそれらが定着するとは思えません。丁寧に取り上げたものを，ホームワークでおさらいしてもらい，さらに次のセッションで丁寧に取り上げ，ホームワークでさらにおさらいしてもらい，ということの繰り返しによって，そしてそれを問題解決法の第1クールのみならず，第2クール，第3クールでも同じように行うことによって，ようやくツール6-2の認知がクライアントに定着する，という感じでしょうか。あるいはすでにお伝えしましたがツール6-2の部分を切り取って持ち歩くとか，何かに貼って日常的に眺めるとか，そういう工夫も役に立ちます。いずれにせよ，一度だけ丁寧に取り上げるだけでなく，その後，何度も取り上げ続ける，という「しつこさ」が必要だと思います。

◇質問：問題が発生したときに「どうしよう」ではなく「どうしようかな？」と関わるスタンスについて，なるほどと思いました。確かに問題解決が上手な人を思い返すと，面白がりながら問題状況に関わっているように思えます。人生は小さなことから大きなことまで問題解決の連続ですが，面白がって探索的に取り組んでいきたいと思いました。

　　◆回答：これはご質問というよりコメントですね。私も同様に思います。生きていればどうせ問題にぶつかり続けるのです。せっかくなら，それらを面白がりながら探索しようとし続けられるといいですね。

◇質問：認知行動療法では，どうしても認知再構成法のほうがメジャーな技法として認識されているという印象がありますが，問題解決法もとても有効な技法だと思いました。

◆回答：同感です。問題解決法って，行動変容につながるとってもパワフルな技法だと思います。回避的なクライアントが，問題解決法に取り組むうちに，生き方レベルで驚くほど変わっていくことも珍しくありません。なので認知再構成法ほどメジャーじゃないのが残念だと思いますし，ワークショップなどを通じて広めていけたらいいなと思っています。

◇質問：リワークにおいてグループで問題解決法をするとき，ブレインストーミングは毎回盛り上がり，いろいろなアイデアが出てきて楽しい感じになります。問題解決法が職場の病院でも認知されていくよう，今後も活用していきたいと思います。

　　◆回答：コメントありがとうございます。私がスーパーバイザーとして関わっている，保護観察所の性犯罪の再犯防止プログラムで，この問題解決法を取り入れてブレインストーミングをグループでするのですが，そこが一番盛り上がるところで，皆さん，とても楽しそうです。そうやって「問題解決って楽しいんだな」ということを体験してもらえるといいですね。ぜひ今後もご活用ください。

◇質問：ブレインストーミングをするときにアイデアが出づらい方の場合，セラピストのアイデアばかりになってしまうときがあります。どうすればよいでしょうか？

　　◆回答：ツール 6-1 の問題の外在化とツール 6-3 の目標の設定が，クライアント主体で具体的なものになっていれば，それに基づいて手段をブレインストーミングするので，クライアントからアイデアが出てこない，というのが，私としては想像できないんですよね。たとえば中村貴子さんの場合，ツール 6-3 の目標設定で，「お昼ご飯を食べて，やろうと思う」というのがありましたね。「お昼ご飯を食べる」という目標に対して，ツール 6-4で「お昼ご飯って何を食べるの？」と問えば，クライアントのほうで，自然と，「そうだな，何食べようかな？」「コンビニに行って何か買ってこようかな？」「じゃあ，おにぎりにしようかな」と展開していきます。なので仮にツール 6-4 でアイデアが出てこないのであれば，ツール 6-1 の問題や6-3 の目標が具体性に欠けているのではないかと考え，そちらに立ち戻ったほうがよいのではないかと思います。

◇質問：感想です。認知行動療法の流れそのものが問題解決だというのがとても響きました。

　◆回答：ありがとうございます。このワークショップで最初にお伝えしたかったことです。問題解決法という技法以前に，認知行動療法それ自体が問題解決であるということを，つまり問題解決は認知行動療法そのものであるということを，改めてここで強調しておきたいと思います。

◇質問：知的障害のある人と問題解決法を行うときの工夫は何かありますか？担当している人はブレインストーミングが苦手なようです。セラピストから案を出すとやりやすいようなので，前にうまくいったことを聞き出して，それに基づいて案を出すようにしていますが。

　◆回答：それでいいんじゃないでしょうか。本人から聞き出した話を使いながら，苦手なところを補いつつ進めておられるようなので。協同作業をしている印象を受けます。問題解決法自体はとても具体的で，スモールステップで少しずつ進めていくので，知的障害をお持ちの方でも，この方のように上手に手助けすれば，十分に取り組んでいただけるものと思います。

◇質問：行動活性化と通ずるところの多い技法のように感じました。認知行動療法における行動活性化と問題解決法の関連性について，どのように考えればいいでしょうか？

　◆回答：両者は非常に近いと思います。見せ方や切り口は違いますが，行動にフォーカスして，その人にとって必要な行動を生起させ，随伴性を検証する，という意味では，かなり似た技法としてとらえていいと思います。ケースフォーミュレーションにおいて，活動量を増やすといった治療目標が立てられたら，技法としては行動活性化が選択されやすいでしょうし，ある場面において適切な行動を取れるようにするという目標であれば，問題解決法が選択されやすいかもしれません。とはいえ，今日ご紹介した「シャンプーを買う」といった課題に問題解決法を適用すれば，それはそのまま行動活性化にもなるでしょう。あとは，行動活性化は，どちらかというと行動療法系の認知行動療法で主に使われ，問題解決法は，どちらかというと認知療法系の認知行動療法で主に使われるといった印象があります。さらに行動活性化は，あくまでも「活性化」が目標となりますが，問題解決法は，たとえば原田武夫さんの例のように，「攻撃的な行動を取らずに別

の行動を取る」というような，ある意味「ある行動の不活性化」を狙う場合もある，というところが相違点になるでしょうか。

◇質問：ツール6-3や6-5でイメージリハーサルやロールプレイをやってみるというのはいかがでしょうか？　シャンプーを買いに行く事例では，イメージリハーサルを行いましたか？

　◆回答：イメージリハーサルやロールプレイをするのは，とてもいいと思います。原田武夫さんの例で，私たちはしませんでしたが，私が彼の妻に扮してロールプレイをすることもできたでしょう。ちなみにツール6-3や6-5が具体的であればあるほど，詳細であればあるほど，それ自体がそのままイメージリハーサルとして機能します。ですのでシャンプーの事例では，「イメージリハーサルをしましょう」とは言っていませんが，ツール6-5を作成したこと自体が，すでにイメージリハーサルとなっていました。リハーサルになっているからこそ，人はその行動を取りやすくなるのでしょう。よい質問をありがとうございました。

◇質問：以前に参加したワークショップでも，「問題の理解→解決法の探索」という流れを教えていただき，そのことを患者さんにお伝えするように努めています。患者さんたちもこの説明や順序についてはとても納得してくれます。最初から解決しようということではなく，まず「問題を理解しよう」とワンクッション置いて，落ち着くことができているようです。今日の話を聞いて，あらためてこの順序の大切さを実感しました。

　◆回答：ありがとうございます。私も本当にその通りだと思います。エキスパートがそうしている，というのは何より説得力がありますよね。いきなり解決に走るのではなく，まず問題を眺めてみる，眺めて問題を理解する，それだけで落ち着くことができる，ということを体験に基づいて実感してもらえるといいですね。

◇質問：問題解決法を選択しないほうがよい場合もありますか？

　◆回答：ケースフォーミュレーションにおいて「何のために問題解決法を実施するか？」ということが合意されていれば，どういう場合でも問題解決法を選択してもよいと思います。つまり「ある行動を起こせるようになる」ために問題解決法を選択する場合もあれば（私の原稿問題，中村貴子さん

の申請書問題），「ある行動を起こさないようになる」ために問題解決法を選択する場合もあるわけで（原田武夫さんの怒り丸出し問題），問題解決法の目的さえ共有されていれば大丈夫だと思います。ただ1点だけ，気をつけたいのは，「完全な解決を目指して強迫的にならない」「強迫的に問題解決をするために問題解決法を使わない」ということかもしれません。クライアントのなかには，「問題は完全に解決しなければならない」「全ての問題を解決しなければならない」というような強迫的な方がいらっしゃいます。それに乗っかって，何でもかんでも完璧に解決するために問題解決法を入れてしまうと無限ループにはまってしまいます。この場合は，問題解決法をガンガン行うのではなく，ケースフォーミュレーションの文脈で，クライアントの強迫性を取り上げて，スキーマの問題として扱うことだと思います。

◇質問：ツール6に記入するのはクライアントのほうですか？

　◆回答：基本的にクライアントに記入をお願いしています。問題解決法や認知再構成法と言った技法は，クライアント自身に身に付けてもらいたいスキルです。そのためにツールに記入できるようになってもらう必要があるので，これらの技法に入った段階で，クライアントにペンを渡して，書いてもらうようにしています。ただ，マルチタスクが苦手だったり，そもそも書き出すことが苦手だったりするクライアントもおり，その場合は，最初は私の方でツールに記入し，慣れてきたら替わってもらうようなこともあります。

◇質問：反すう傾向の強い人と問題解決法を行うことがありますか？　そのクライアントは反すうする一方，認知について考えるのが嫌だとおっしゃいます。そういう人に問題解決法をするというのはいかがでしょうか？

　◆回答：ケースフォーミュレーションにおいて反すう傾向が強いことが同定され，それをどうするかという目標を立てる際に，その反すう思考そのものに焦点を当てて認知を別方向に持っていきたいのか，それとも反すうに巻き込まずに目的本意の行動を取れるようになりたいのか，によって選択される技法が変わってきます。前者なら認知再構成法が，後者なら問題解決法が第一選択となるでしょう。もしクライアントが認知について考えることが好きでないのなら，問題解決法を提示して，行動的な課題に取り組

んでもらう，ということは十分ありだと思います。

◇質問：中学生や不登校の子どもたちの衝動的な行動を対象に，問題解決法を適用するのは可能でしょうか？

　◆回答：十分可能だと思います。ただ，ここでも重要なのはケースフォーミュレーションで，子ども自身が自らの行動が衝動的で，それで自分が損をしていることに気づくことができて初めて，問題解決法という技法が意味を持つのだと思います。周囲の大人たちが「この子は衝動的な行動を起こしやすいから問題解決法を習得しましょう」では，おそらく入らないでしょう。子どもであれ，大人であれ，何か技法に取り組む際は，ご本人が「それが自分にとって必要だ」と認識することが不可欠です。

　いただいた質問は以上となります。本日は皆さん，ご参加ありがとうございました。問題解決法というパワフルな技法を，皆さんの生活にぜひ取り入れて，その効果をご実感いただき，そのうえで臨床に適用していただけるとよいのではないかと思います。それではまたお目にかかりましょう。さようなら！

■ 付　　　録

　本書のなかで紹介したワークシートを付録にいたしました。

　本書を購入された読者の皆様は，ご自身の心理支援などにおいて，コピーを取るなどして自由にお使いくださって大丈夫ですが，第三者への配付や貸与，販売，あるいは SNS などへの投稿などはご遠慮ください。

　また，コピーをされる場合，「copyright　洗足ストレスコーピング・サポートオフィス」の表記は消さぬようにお願いいたします。

　なお，ツール 1 〜 5 は，姉妹書の『世界一隅々まで書いた認知行動療法・認知再構成法の本』（伊藤絵美著，小社刊）に掲載されています。

ツール6　問題解決シート
クライアントID：＿＿＿＿＿＿＿

問題解決ワークシート：対処可能な課題を設定し、行動実験をしてみよう

氏名：＿＿＿＿＿＿

年　月　日（　曜日）＿＿＿＿＿

1. 問題状況を具体的に把握する（自分、人間関係、出来事、状況、その他）

2. 問題解決に向けて、自分の考えをととのえる

- □ 生きていれば、何らかの問題は生じるものだ。問題があること自体を受け入れよう。
- □ 原因を一つに決めつけず、さまざまな要因を見つけてみよう。
- □ 問題を「悩む」のではなく、「何らかの解決を試みるべき状況」ととらえてみよう。
- □ 大きな問題は小分けにしてみよう。小さな問題に分解して、突破口を見つけよう。
- □ 「解決できる」ではなく、「解決できそうなことできないこと」をチャレンジしよう。
- □ できることから手をつけよう。「実験」としてチャレンジしてみよう。
- □ どんなことを自分に言うと、良いだろうか？下欄に記入してみよう。

3. 問題状況が解決または改善された状況を具体的にイメージする

4. 問題の解決・改善のための具体的な手段を案出し、検討する

効果的か　　実行可能か

1. ＿＿＿＿＿（　%）（　%）
2. ＿＿＿＿＿（　%）（　%）
3. ＿＿＿＿＿（　%）（　%）
4. ＿＿＿＿＿（　%）（　%）
5. ＿＿＿＿＿（　%）（　%）
6. ＿＿＿＿＿（　%）（　%）
7. ＿＿＿＿＿（　%）（　%）

5. 行動実験のための具体的な実行計画を立てる

※以下のポイントを盛り込んだ計画を立てます：●いつ　●どこで　●どんなとき　●誰と　●誰に対して
●何をどうする　●実行を妨げる要因とその対策は　●結果の検証の仕方

備考：

■索　引

伊藤絵美 （いとう・えみ）

　公認心理師，臨床心理士，精神保健福祉士。洗足ストレスコーピング・サポートオフィス所長。慶應義塾大学文学部人間関係学科心理学専攻卒業。同大学大学院社会学研究科博士課程修了，博士（社会学）。専門は臨床心理学，ストレス心理学，認知行動療法，スキーマ療法。大学院在籍時より精神科クリニックにてカウンセラーとして勤務。その後，民間企業でのメンタルヘルスの仕事に従事し，2004年より認知行動療法に基づくカウンセリングを提供する専門機関「洗足ストレスコーピング・サポートオフィス」を開設。

　主な著書に，『事例で学ぶ認知行動療法』(誠信書房)，『自分でできるスキーマ療法ワークブック Book 1 & Book 2』（星和書店），『ケアする人も楽になる認知行動療法入門 BOOK 1 & BOOK 2』『ケアする人も楽になるマインドフルネス&スキーマ療法 BOOK 1 & BOOK 2』(いずれも医学書院)，『イラスト版 子どものストレスマネジメント』(合同出版)，『セルフケアの道具箱』（晶文社）などがある。

世界一隅々まで書いた認知行動療法・問題解決法の本

2022 年 10 月 10 日　第 1 刷
2023 年 4 月 20 日　第 2 刷

著　者　伊藤絵美
発 行 人　山内俊介
発 行 所　遠見書房

遠見書房

〒 181-0002 東京都三鷹市井の頭 2-28-16
TEL 0422-26-6711　FAX 050-3488-3894
tomi@tomishobo.com　http://tomishobo.com
遠見書房の書店　https://tomishobo.stores.jp/

印刷・製本　モリモト印刷

ISBN978-4-86616-153-2　C3011

※心と社会の学術出版　遠見書房の本※

遠見書房

世界一隅々まで書いた
認知行動療法・認知再構成法の本
　　　　　　　　　　　　　　伊藤絵美著
本書は，認知再構成法についての 1 日
ワークショップをもとに書籍化したもの
で，ちゃんと学べる楽しく学べるをモッ
トーにまとめた 1 冊。今日から使える
ワークシートつき。3,080 円，A5 並

一人で学べる**認知療法・マインドフルネス・
潜在的価値抽出法ワークブック**
生きづらさから豊かさをつむぎだす作法
　　　　（鳥取大学医学部教授）竹田伸也著
認知行動療法のさまざまな技法をもとに
生きづらさから豊かさをつむぎだすこと
を目指したワークを楽しくわかりやすく
一人で学べる 1 冊。1,320 円，B5 並

『**認知療法・マインドフルネス・潜在的価値抽
出法ワークブック』セラピスト・マニュアル**
行動分析から次世代型認知行動療法までを臨床に生かす
　　　　（鳥取大学医学部教授）竹田伸也著
第一世代から第三世代の認知行動療法を
独習可能で使いやすくした『ワークブッ
ク』の特徴，理論，ポイントなどを専門
家向けに書いた本です。1,980 円，四六並

ACT マトリックスのエッセンシャルガイド
アクセプタンス＆コミットメント・セラピーを使う
　　　　K・ポークら著／谷　晋二監訳
本書は，理解の難しい ACT 理論を平易
に解き明かし，実践に役立てられる 1 冊
で，誰でも明日から使える手引きとなっ
ている。15 種類のワークシートつき。
5,390 円，A5 並

臨床心理学中事典
　　　　（九州大学名誉教授）野島一彦監修
650 超 の 項 目，260 人 超 の 執 筆 者，
3 万超の索引項目からなる臨床心理学と
学際領域の中項目主義の用語事典。臨床
家必携！（編集：森岡正芳・岡村達也・
坂井誠・黒木俊秀・津川律子・遠藤利彦・
岩壁茂）7,480 円，A5 上製

親と子のはじまりを支える
妊娠期からの切れ目のない支援と心のケア
　　　　（名古屋大学教授）永田雅子編著
産科から子育て支援の現場までを幅広く
カバー。本書は，周産期への心理支援を
行う 6 名の心理職らによる周産期のここ
ろのケアの実際と理論を多くの事例を通
してまとめたもの。2,420 円，四六並

図解　ケースで学ぶ家族療法
システムとナラティヴの見立てと介入
　　　　（徳島大学准教授）横谷謙次著
カップルや家族の間で展開されている人
間関係や悪循環を図にし，どう働きかけ
たらよいかがわかる実践入門書。家族療
法を取り入れたいに取り組みたいセラピ
ストにも最適。2,970 円，四六並

子どもと親のための
フレンドシップ・プログラム
人間関係が苦手な子の友だちづくりのヒント 30
フレッド・フランクル著／辻井正次監訳
子どもの友だち関係のよくある悩みごと
をステップバイステップで解決！　親子
のための科学的な根拠のある友だちのつ
くり方実践ガイド。3,080 円，A5 並

よくわかる 学校で役立つ子どもの認知行動療法
理論と実践をむすぶ
　　　　（スクールカウンセラー）松丸未来著
ブックレット：子どもの心と学校臨床
（7）子どもの認知行動療法を動機づけ，
ケース・フォーミュレーション，心理教
育，介入方法などに分け，実践的にわか
りやすく伝えます。1,870 円，A5 並

中学生・高校生向け
アンガーマネジメント・レッスン
怒りの感情を自分の力に変えよう
S・G・フィッチェル著／佐藤・竹田・古村訳
自分に自身の人生や感情をコントロール
する力があることを学べるアンガーマネ
ジメント・プログラムの翻訳本。教師・
SC にお勧め。2,200 円，四六並

価格は税込みです